DIÄT HEUTE Ärztlich geprüft – gut gekocht

Thienemanns Diätkochbücher

Herausgegeben von
Prof. Dr. med. Nepomuk Zöllner und
Dr. med. Inga Korfmacher

Diät bei Krankheiten des Magens und Zwölffingerdarmes

Einführung von

Prof. Dr. med. Herbert Kaess

Chefarzt der 5. Medizinischen Abteilung
des Schwabinger Krankenhauses
Schwerpunkt Gastroenterologie

Rezeptteil von Brigitte Zöllner
München

K. Thienemanns Verlag Stuttgart

CIP-Kurztitelaufnahme der Deutschen Bibliothek

Kaess, Herbert:
Diät bei Krankheiten des Magens und Zwölffingerdarmes
Einf. von Herbert Kaess. Rezeptteil von Brigitte Zöllner
Stuttgart: Thienemann, 1981.
(Diät heute: Bd. 1)

ISBN 3-522-32011-5
NE: Zöllner, Brigitte

Umschlagentwurf Heiko Rogge in Bad Herrenalb
Typographisches Konzept und Piktogramme Ernst Strom
Satz und Druck: J. F. Steinkopf Druck+Buch GmbH in Stuttgart
Offsetreproduktionen Gustav Reisacher in Stuttgart und REPRO GmbH in Kornwestheim
Einband Ernst Riethmüller & Co. in Stuttgart
Verlagsnummer 3201
33 32 31

Inhalt

Diät bei Krankheiten des Magens und Zwölffingerdarmes

Prof. Dr. med. Herbert Kaess

Einleitung

„Alles, was der Mensch zu sich nimmt, geht durch den Magen, nicht nur die Speisen." Ein Sprichwort, welches für viele Menschen Gültigkeit besitzt und die Bedeutung dieses Organs beleuchtet. Nicht nur ein Übermaß an Genußstoffen wie Alkohol und Nikotin schlägt vielen Menschen auf den Magen sondern auch heruntergeschluckter Ärger und Groll. Die Empfindlichkeit des Magens auf bestimmte Nahrungsmittel und seelische Belastungen ist eine allgemeine Erfahrung. Über Verträglichkeit und Unverträglichkeit von Speisen gibt es zahlreiche unterschiedliche Beobachtungen, welche auf der einen Seite zu einer skeptischen Beurteilung der Wirkung der Diätetik bei Magenerkrankungen und andererseits zu starren strengen Vorschriften geführt haben. Diese einseitigen Vorschriften mit unausgewogener Nahrungszufuhr können Anlaß zu einer Fehlernährung mit Mangelerscheinungen werden. Erst in den letzten Jahren sind wissenschaftliche Erkenntnisse erarbeitet worden, welche eine ausgewogenere Beurteilung der Diätetik von Magenerkrankungen und die Aufstellung allgemeiner Regeln erlauben. Darüber hinaus wird der individuellen Verträglichkeit von Speisen eine große Bedeutung beigemessen. Sie umgrenzen den Spielraum zur Gestaltung einer Kost, welche nicht nur in ihrer kaloriengehaltlichen Zusammensetzung, sondern auch nach Farbe, Geruch, Geschmack den persönlichen Bedürfnissen des Menschen Rechnung trägt.

Aufgaben des Magens

Der Magen ist ein drüsiges und muskuläres Hohlorgan. Ein Verschlußmechanismus am Mageneingang (Cardia) verhindert den Rückfluß von Mageninhalt in die Speiseröhre, deren Schleimhaut gegenüber Verdauungssäften sehr empfindlich ist. Am Magenausgang erfolgt durch die Tätigkeit der Magenmuskulatur die schub-

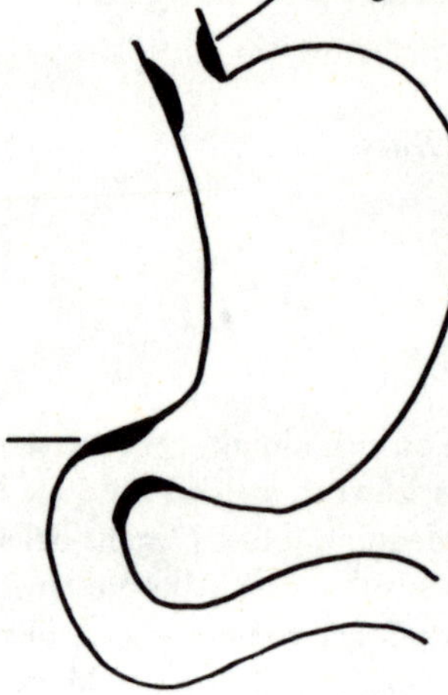

weise Entleerung der Speisen, und gleichzeitig verhindert der Pförtnermuskel (Pylorus) den Rückfluß von Darminhalt in den Magen. Diese beiden Aufgaben müssen als die wichtigsten Funktionen des Magens angesehen werden. Ihr Ausfall, z. B. nach Magenoperationen, ist für die meisten der dann in Erscheinung tretenden Beschwerden verantwortlich. Der Magen ist aber im Gegensatz zu anderen inneren Organen, z. B. der Leber, nicht lebensnotwendig, d. h. der Mensch kann nach völliger Entfernung dieses Organs leben, allerdings manchmal mit erheblichen Beschwerden.
Im Leermagen befinden sich geringe Mengen Magensekretes. Beim Essensvorgang wird durch nervöse (psychische) Reize, z. B. Hungergefühl, Geruch und Farbe der Speisen sowie durch die verschluckte Nahrung selbst im Magen die Absonderung eines salzsäurehaltigen Saftes angeregt. Dabei wird die Nahrung unter dem Einfluß des sauren Magensaftes und der Muskeltätigkeit des Magens in den Speisebrei umgewandelt. Die höchste Salzsäurekonzentration findet sich, wenn die Speisen den Magen überwiegend verlassen haben, weil der Magensaft nicht mehr durch Speisen und Getränke verdünnt wird. Es ist somit verständlich, daß Schmerzen zu diesem Zeitpunkt, d. h. 30–90 Minuten nach dem Essen, auftreten, wenn die hochkonzentrierte Salzsäure des Magensaftes in Kontakt mit geschädigter Schleimhaut, z. B. einem Geschwür, kommt. Für die Umwandlung der Speisen ist die Salzsäure des Magens hilfreich, aber nicht unerläßlich, denn Personen mit fehlender Salzsäuresekretion, z. B. mit einer Biermer'schen Anämie, haben keine Verdauungsbeschwerden.

Die schubweise Entleerung von Mageninhalt in den Zwölffingerdarm verursacht die Freisetzung von gastrointestinalen Hormonen aus der Darmwand. Diese Hormone regen die Ausschüttung von Galle aus der Gallenblase und die Absonderung von Bauchspeichel an. Letzterer hat die größte Bedeutung für die Verdauung der Nahrung, das heißt der Zerlegung in ihre einzelnen Bestandteile: Kohlenhydrate, Eiweiß, Fette. Durch diese schubweise Entleerung sind gewährleistet 1. die kontinuierliche Absonderung des Bauchspeichelsekretes und der Galle, 2. die Mischung des Speisebreies mit diesen Verdauungssäften. Dieser richtiggehende Ablauf der Verdauungsvorgänge ist die Voraussetzung für eine ungestörte Aufnahme der Nahrung über den Darm in den Körper.

Erkrankungen des Magens

Magenschleimhautentzündung (Gastritis)

Brennende, in schweren Fällen krampfartige Schmerzen in der Magengrube, Übelkeit und Brechreiz im Nüchternzustand, verstärkt nach Nahrungszufuhr sind die Beschwerden bei einer akuten Magenschleimhautentzündung. Wenn man in den Magen während einer Magenspiegelung mit einem Gastroskop blickt, dann erscheint die Schleimhaut stark gerötet, teilweise mit Blutungen und oberflächlichen Geschwüren, sog. Erosionen. Häufige Ursache für die akute Gastritis ist der Genuß von konzentriertem Alkohol in Form von Wein und sog. harten Getränken. Neuere Untersuchungen haben gezeigt, daß eine 10%ige oder höher konzentrierte Lösung von Alkohol zu einem Zusammenbruch der Schleimhautschutzschicht, der sog. Mucosabarriere führt. Dadurch kann die Salzsäure des Magensaftes in die Magenschleimhaut eindringen und dort eine Entzündung verursachen. Das Ausmaß und die Dauer der Schädigung, d. h. der lokalen Magenschleimhautentzündung nimmt mit steigender Alkoholkonzentration zu.

Ähnliche Veränderungen werden durch bestimmte Medikamente hervorgerufen, welche direkt oder indirekt die Schleimhaut über eine Verlangsamung der Regeneration schädigen. Dazu gehören in erster Linie Schmerzmittel, insbesondere gegen rheumatische Beschwerden, welche Acetylsalicylsäure (Aspirin), Phenylbutazon (Butazolidin), Indometacin bzw. ähnliche Substanzen sowie Cortison enthalten. Es ist daher ratsam, derartige, oft notwendige Medi-

kamente während des Essens mit Wasser verdünnt zu nehmen, um ihre irritierende Wirkung auf die Magenschleimhaut durch Verdünnung mit Speisen und Magensaft zu mildern. Aus demselben Grunde sollte der Genuß von alkoholenthaltenden Getränken nicht im Nüchternzustand, sondern im Verlaufe einer Hauptmahlzeit erfolgen. Zu den irritierenden Speisen und Genußmitteln mit noch ungeklärtem Wirkungsmechanismus zählen Kaffee, Nikotin, stark gesalzene oder gezuckerte Speisen, welche ebenfalls während oder am Ende einer Mahlzeit zu sich genommen werden sollten.
Hingegen ist die Entstehung einer akuten Entzündung im Magen und Darm (Gastroenteritis) mit Brechdurchfall nach Genuß verdorbener Speisen, welche durch Bakterienwuchs verunreinigt sind, verständlich. Diese akuten Gastritiden, welche auf die Einwirkung äußerer schädlicher Stoffe (exogene Noxen) zurückgehen, bilden sich in der Regel zurück, wenn die schädigende Ursache ausgeschaltet und eine Schonung des Magens gewährleistet ist.
Zu den endogenen Ursachen für die Entwicklung einer akuten Gastritis wird der Rückfluß (Reflux) von Galle aus dem Zwölffingerdarm in den Magen angenommen. Dieser Reflux beruht auf einer Störung der Peristaltik des Magens und des Zwölffingerdarms. Gallensäuren verursachen ähnlich dem Alkohol eine Schädigung der Schleimhautbarriere, d. h. ermöglichen das Eindringen von Salzsäure in die Magenschleimhaut und die Entwicklung einer akuten Gastritis.
Verweilt Mageninhalt längere Zeit in der Speiseröhre infolge eines vermehrten Rückflusses aus dem Magen und einer gestörten peristaltischen Rückbeförderung in den Magen, entsteht eine Entzündung der Schleimhaut der Speiseröhre, eine sog. Refluxoesophagitis. Sie äußert sich in einem brennenden Gefühl hinter dem Brustbein und kann mit Schluckbeschwerden einhergehen.
Dauert die exogene oder endogene Einwirkung einer Noxe an, so kann sich eine chronische Entzündung mit Atrophie des Drüsenparenchyms entwickeln. Die häufigste bekannte Ursache für eine chronische Gastritis sind als exogene Ursache der erhöhte Alkoholgenuß und die gallige Refluxoesophagitis als endogene Ursache. Die Beschwerden der chronischen Gastritis sind oft uncharakteristisch oder fehlen; Schmerzen entstehen in der Regel dann, wenn sich akute Veränderungen aufpropfen. Ähnliches gilt für die Beschwerden bei den anderen Formen chronischer Gastritis, deren Ursachen nur zum Teil erfaßt sind.

Das Magen- und Zwölffingerdarmgeschwür

Geschwüre (Ulcera) entstehen in der Speiseröhre, im Magen oder Zwölffingerdarm unter der Einwirkung der Säure des Magens. Liegen sie oberflächlich in der Schleimhaut, werden sie Erosionen genannt. Das Geschwür entsteht letzten Endes aus der Unfähigkeit umschriebener Schleimhautbezirke, der Aggression des Magensaftes standzuhalten.

Akute Geschwüre können durch dieselben äußeren Noxen verursacht werden, welche zur Entstehung einer akuten Magenschleimhautentzündung führen. Hierher gehören Alkohol, Medikamente, z. B. Aspirin, Antirheumatika und Cortison, insbesondere bei Rheumatikern. Fallen diese Noxen weg, so heilen die akuten Geschwüre in kurzer Zeit ab. Dies gilt ebenfalls für Ulcera im unteren Abschnitt der Speiseröhre, welche unter der Einwirkung eines beständigen Rückflusses von Galle und salzsäurehaltigen Mageninhaltes in die Speiseröhre entstehen. Wird dieser Reflux, z. B. durch einen operativen Eingriff, ausgeschaltet, so bilden sich die Geschwüre in der Regel zurück. Zu den akuten Geschwüren zählen Ulcerationen im Magen und Zwölffingerdarm bei Streßsituationen, psychischen Belastungen und Operationen. Sie werden in Zusammenhang mit Durchblutungs- und Ernährungsstörungen der Schleimhaut gebracht.

Die Ursache des *chronischen Geschwürs* im Magen und Zwölffingerdarm ist unbekannt. Möglicherweise spielt der Rückfluß von galligem Darminhalt in den Magen nicht nur für die Entwicklung einer Gastritis, sondern auch für die Entstehung des Magengeschwürs eine Rolle. Beim Zwölffingerdarmgeschwür wird in der Regel eine erhöhte Säureproduktion im Magen gefunden. Bekannt ist eine erbliche Disposition zur Geschwürsbildung, d. h. es gibt Familien mit Häufung von Magen- und Zwölffingerdarmgeschwüren.

Der Ulcuspatient leidet unter krampfartigen, drückenden, kneifenden Schmerzen im Oberbauch, oft mit Hungergefühl verbunden. Die Schmerzen dauern 15 Minuten bis mehrere Stunden an und werden durch die Nahrungsaufnahme gebessert, weil die ätzende Salzsäure des Magens abgepuffert wird. Daher treten die Schmerzen 15 Minuten bis 2 Stunden nach dem Essen auf. Wegen der hohen nächtlichen Säuresekretion bei Patienten mit Zwölffingerdarmgeschwüren kommt es nachts zu Schmerzen, welche durch Zufuhr von Nahrung, z. B. Zwieback oder Knäckebrot, gebessert werden können. Eine Ulcuskrise kann zwischen 1 und 5 Wochen andauern. Andererseits fehlt bei zahlreichen Patienten die typische Ulcussymptomatik. Es bestehen nur uncharakteristische Oberbauchbeschwerden.

Der Übergang eines nahrungsabhängigen Schmerzes in einen Dauerschmerz, Übelkeit und Erbrechen von Nahrungsresten und Blut sowie der Abgang von schwarzen Teerstühlen sprechen für *Geschwürskomplikationen:*

1. Die Blutung, welche sich als kaffeesatzartiges Erbrechen und als übelriechender, schwarzer, sog. Teerstuhl äußert. Hier muß sofort ein Arzt hinzugezogen bzw. die Krankenhauseinweisung vorgenommen werden.
2. Der Geschwürsdurchbruch, welcher zum Austritt von Mageninhalt in die freie Bauchhöhle und die Nachbarorgane führt. Er stellt einen lebensbedrohenden Zustand dar, der sofort operativ beseitigt werden muß. Der Geschwürsdurchbruch kündigt sich durch heftigste, bohrende, anhaltende Schmerzen und Erbrechen an.
3. Behinderung der Magenentleerung (Magenausgangsstenose), welche durch entzündliche oder narbige Veränderungen entsteht. Erbrechen von Mageninhalt meist mehrere Stunden nach dem Essen ist hierfür charakteristisch.

Die Geschwüre heilen in der Regel unter einer Behandlung mit salzsäurebindenden Medikamenten (sog. Antazida), salzsäurehemmenden Substanzen (Anticholinergika, Histamin$_2$-Rezeptorblocker) sowie die Magenschleimhaut schützenden Substanzen (Carbenoxolon) ab. Die Antazida sollen etwa 90 Minuten nach der Nahrungsaufnahme in der Phase der Nachsekretion verabreicht werden, um die entstehende Salzsäure abzupuffern. Die salzsäurehemmenden Substanzen werden vor den Mahlzeiten und vor dem Schlafengehen verabreicht, um die nahrungsinduzierte Magensaftsekretion und die nächtliche Nüchternsekretion zu unterdrücken. Selbstverständlich können alle exogenen Noxen in Nahrung, Getränken und Medikamenten (siehe früher) chronische Ulcera verstärken, bzw. die Geschwürsheilung verzögern. Es ist fernerhin erwiesen, daß die Geschwürsheilung durch Zigarettengenuß deutlich verzögert wird.

Der Magenkrebs

Der Magenkrebs, mit Recht eine gefürchtete Erkrankung, kann bei rechtzeitiger Feststellung in über 95 % der Fälle geheilt werden. Die Ursache für seine Entstehung ist ungeklärt. Er befällt überwiegend Männer, und seine Häufigkeit steigt sprunghaft nach dem 30. Lebensjahr an. Die Beschwerden sind im Frühstadium uncharakteristisch; geringfügige brennende, drückende Schmerzen sind oft die einzigen Symptome. Im weiteren Verlauf treten Schmerzen, Blutungen und eine Behinderung der Magenentleerung in den Vordergrund. Die Diagnose kann mit Hilfe der Magenspiegelung mit großer Sicherheit auch im Frühstadium gestellt werden. Besonders gefährdet sind Patienten mit einer einschlägigen Krebserkrankung in der Familie sowie Patienten mit einer sog. Biermer'schen Anämie. Sie sollten Vorsorgeuntersuchungen in Anspruch nehmen. Gutartige Geschwülste des Magens müssen wegen der Gefahr der Krebsentartung entfernt werden, wenn möglich durch örtliche Abtragung während einer Magenspiegelung.

Zustand nach Magenoperationen

Magenoperationen dienen zur Entfernung von Geschwüren und Geschwülsten im Magen und Zwölffingerdarm. Ein wichtiges Ziel der operativen Geschwürsbehandlung liegt in der Ausschaltung der Salzsäuresekretion des Magens, um eine Wiederkehr des Ulcus zu verhindern. Dabei wird in einigen Fällen eine Durchtrennung der oberen Magennerven (selektive proximale Vagotomie), in anderen Fällen eine Entfernung der unteren Magenabschnitte vorgenommen. Beim letzteren Verfahren wird meist eine Verbindung zwischen der 1. Dünndarmschlinge und dem oberen Magenrest geschaffen (Billroth-II-Operation). In seltenen Fällen muß der gesamte Magen, z. B. bei einer Krebserkrankung, weggenommen werden. Bei diesen beiden letzten Operationen ist die schubweise Entleerung des Mageninhaltes aufgehoben, und die Speisen gelangen rasch in den Darm, ohne daß eine ausreichende Durchmischung mit den Verdauungssäften stattfinden kann. Ein weiterer Störungsfaktor liegt in dem Rückfluß von galligem Darminhalt in den Restmagen, weil der Verschlußmechanismus am Magenausgang operativ mitentfernt wurde. Dadurch kommt es häufig zu einer Speiseröhrenentzündung im Restmagen mit brennenden, drückenden Schmerzen nach der Nahrungsaufnahme. Dennoch verträgt die überwiegende Anzahl der Patienten (85—90 %) die Entfernung des Magens sehr gut, hat keine Beschwerden und kann alle Speisen und Getränke zu sich nehmen. In anderen Fällen kommt es wegen der schnellen, überstürzten Magenentleerung zu Druckgefühl, einer schnellen Darmpassage mit Durchfällen sowie zu einer gestörten Verdauung mit Gewichtsverlust und der Entwicklung von Mangelzuständen, z. B. einer Anämie. Diese Komplikationen müssen durch entsprechende ärztliche Maßnahmen gebessert bzw. geheilt werden.

Diät bei Magenerkrankungen

Die Magendiät soll folgenden Forderungen genügen:

I. Ausschaltung von schädigenden Faktoren (Noxen)

Ein wichtiges Ziel der diätetischen Behandlung betrifft die Ausschaltung von Speisen und Genußmitteln, welche die Magenschleimhaut direkt schädigen. Dazu gehören, wie schon erwähnt, in erster Linie alkoholhaltige Getränke wie Bier (5 % Alkoholgehalt), Wein (10 %), sowie Spirituosen (bis 40 %). Besondere Beachtung verdienen Medikamente, insbesondere Schmerzmittel, Rheumamittel sowie Cortison. Die schädigende Wirkung dieser Genußmittel und Medikamente kann dadurch gemindert werden, daß sie in geringer Menge sowie im Verlaufe einer Mahlzeit genommen werden. Sie werden durch die Speisen sowie den Magensaft im Magen verdünnt, d. h. ihre Wirkungsintensität, welche konzentrationsabhängig ist, wird abgeschwächt. Die Angewohnheit, eine Suppe oder Wasser zu einer Mahlzeit zu servieren, übt in dieser Hinsicht einen günstigen Einfluß aus.

Zu den Speisen und Genußmitteln, welche bei Patienten mit akuter Gastritis oder Magengeschwüren oft Beschwerden verursachen, gehören Kaffee, Nikotin, stark gesalzene oder gesüßte Speisen, Zitrusfrüchte bzw. Obstsäfte, Gewürze sowie Speisen, die Säuren und ätherische Öle enthalten, z. B. rohe Zwiebel, sowie stark zellulosehaltige Nahrungsmittel (Kohl, Hülsenfrüchte). Darüber hinaus verursachen zu heiße und zu kalte Speisen Schmerzen bzw. verstärken vorhandene Beschwerden.

In der diätetischen ebenso wie in der medikamentösen Behandlung von Magenerkrankungen besitzt die Ausschaltung der Salzsäure des Magensaftes eine zentrale Bedeutung, weil ihre Einwirkung für die Entstehung akuter entzündlicher Magenschleimhautveränderungen mindestens teilweise und für die Entstehung des Magen- und Zwölffingerdarmgeschwürs unbedingt erforderlich ist. Demnach sollen Speisen und Getränke gemieden werden, welche einerseits die Absonderung eines sauren Magensaftes anregen und andererseits rasch aus dem Magen entleert werden, so daß die Salzsäure unvermindert einwirken kann. Hierher gehören pikante klare Suppen sowie Kaffee, Alkohol außerhalb von Mahlzeiten bzw. nur mit geringen Nahrungsmengen (Fernsehcocktail etc.). Die Fettunverträglichkeit, insbesondere von gebackenen und gebratenen Fetten bei Magenerkrankungen beruht darauf, daß sie zu einer Ausschüttung von Galle in den Zwölffingerdarm führen. Von dort aus können die Gallensäuren bei einer gestörten Peristaltik vom Duodenum in den Magen fließen und eine Schädigung der Magenschleimhaut verursachen. Als nachteilig hat sich erwiesen, die Abendmahlzeit sehr spät einzunehmen oder vor der Bettruhe noch eine kleine Mahlzeit einzunehmen, weil dadurch die nächtliche Nüchternsekretion verstärkt und Schmerzen verursacht werden können.

II. Erleichterung der Magentätigkeit

Die Umwandlung der Speisen in den Speisebrei und seine schubweise Entleerung wird durch den Umfang und die Zusammensetzung der Nahrung bestimmt. Kleinere, häufigere Mahlzeiten bedeuten daher eine Entlastung für den Magen. Häufig verschwinden Völlegefühl und Blähungen nach dieser Umstellung. Sie wirkt sich oft besonders vorteilhaft bei magenoperierten Patienten aus. Hochkonzentrierte Speisen, stark gesalzen oder gezuckert, z. B. eine süße Nachspeise, verlangsamen die Magenentleerung. Ähnliches gilt für fetthaltige Speisen, welche ebenfalls die Magenentleerung verzögern und oft mit Völlegefühl einhergehen.
Entscheidend für die diätetische Behandlung ist der Schweregrad der klinischen Beschwerden bzw. der Magenerkrankung. In diesem Zusammenhang hat sich ein diätetisches Stufenschema bewährt.
Stufe 1: akute Magenbeschwerden bei akuter Gastritis und akuter Geschwürskrankheit. Die Kost besteht aus Tee mit Zwieback, Knäckebrot, Schleim- und Reissuppen, welche in kleineren Portionen 2- bis 3-stündlich wegen ihrer Kalorienarmut nur über einen Zeitraum von 1—3 Tagen verabreicht werden. Sie führt in der Regel rasch zu einer Besserung der Beschwerden.

Daran schließt sich die *Stufe 2,* geeignet für abklingende schwere oder mittelschwere Beschwerden. Die Nahrung ist eiweißarm, kohlenhydratreich (leicht aufschließbare Kohlenhydrate), zellulosearm, d. h. Verwendung nur feinster Gemüse, sowie fettarm, besonders an gebratenen und gebackenen Fetten, d. h. maximal 10 g Butter zum Frühstück und zum Abendessen. Die Speisen sollen milde gesalzen bzw. gesüßt sein. Als Getränke sind Mineralwasser ohne Kohlensäure, Tee und Milch gestattet. Für Stufe 1 und 2 besteht ein striktes Verbot von Alkohol, Nikotin und Kaffee.

Stufe 3 (Schonkost): die Diät ist während einer Geschwürsbehandlung bei weitgehender Schmerzfreiheit einzusetzen. Sie umfaßt tierisches Eiweiß (leicht aufschließbar, gekocht, gegrillt), Fett in mäßigen Mengen, alle Kohlenhydrate sowie zellulosearme Gemüse. Gewürze sind erlaubt. Kaffee, Alkohol sind im Verlaufe bzw. nach einer Mahlzeit in geringen Mengen gestattet.

Stufe 4 (leichte Kost) bei Patienten mit Neigung zu Magenbeschwerden. Diese Kost sollte entsprechend der individuellen Verträglichkeit erweitert bzw. gestaltet werden. Schlecht vertragen werden gemeinhin Röstprodukte, geräucherte, gepökelte Speisen, Kohl, Hülsenfrüchte, frisches Hefegebäck.

Die Diät des Magenkranken soll insgesamt seinen Beschwerden angepaßt sein. Eine akute schwere Erkrankung erfordert kurzfristig eine strenge Handhabung der Diät. Eine nach Verträglichkeit und Geschmack ausgerichtete Ernährung sowie eine streßfreie, ausgewogene Lebensführung soll das Ziel bei Personen mit geringen Beschwerden oder einem empfindlichen Magen sein.

Jetzt wird gekocht

Was Sie vorher wissen sollten!

Das Wichtigste für Sie aus dem Küchenlexikon

B	blanchieren	*Kochgut in kochendem Wasser kurz aufkochen lassen, Kochwasser abgießen*
D	dünsten	*Kochgut mit wenig Flüssigkeit garen*
E	Einbrenne	*Mehlschwitze*
G	gratinieren	*im sehr heißen Ofen überbacken*
L	legieren	*Binden einer heißen, nicht mehr kochenden Flüssigkeit mit Eigelb*
P	passieren	*Kochgut durch ein Sieb streichen*
	Prise	*Menge zwischen zwei Fingerspitzen, oder auf einer Messerspitze, ca. 1/2 Gramm*
Q	quellen	*Kochgut in Flüssigkeit aufgehen lassen, bis es weich ist*
R	rösten	*im Ofen backen oder in der Pfanne ohne Fett bräunen Mehl weiß rösten = Einbrenne herstellen*
S	sieden	*garen in heißer, nicht mehr kochender Flüssigkeit*
	stauben	*Binden eines fast garen Gerichts durch Überstreuen von Mehl*
W	Wasserbad	*in einem Topf mit kochendem Wasser einen kleineren Topf mit Kochgut gefüllt, zum Erwärmen bringen*

- Die Mengen gelten, falls nicht anders angegeben, jeweils für 1 Person.
- Durch entsprechende Vervielfältigung kann jedes Rezept für mehrere Portionen erweitert werden.
- Bei Backwaren ist die Stückzahl angegeben.
- Die Nährwertangaben beziehen sich immer auf eine Portion, bzw. ein Stück.

- Die in den Rezepten angegebenen Mengen sind der kochfertige Anteil,
  Obst und Gemüse ohne Schale und Kerne,
  Fleisch ohne Knochen, befreit von allem sichtbaren Fett.

- **Vom Würzen**

- Salz stets sparsam verwenden, und Vorsicht mit fertigen Würzmischungen!

- Alle scharfen Gewürze, wie Paprika, Cayenne-Pfeffer, Pfeffer oder Curry nur in geringen Mengen verwenden, besser durch fein schmeckende Kräuter ersetzen.

- Von den frischen Kräutern sind Dill und Petersilie am besten geeignet.

- Getrocknete Kräuter, wie z. B. Thymian, Majoran, Oregano, Estragon, Salbei oder Basilikum in geringen Mengen Suppen, Fleisch- und Gemüsegerichten beigeben und gut mitkochen lassen.

- Abwechslung im Geschmack kann auch erreicht werden durch: Mitkochen von Lorbeerblatt und Gewürzkörnern, sowie Sellerie-, Zwiebel-, Lauch- oder Karottenstückchen, welche evtl. nach dem Kochen wieder aus der Flüssigkeit entfernt werden.

- Wenn die Diätverordnung es erlaubt, können Speisen nachträglich mit Eigelb, Sahne, Zitronensaft oder etwas Wein verfeinert werden.

- **Vom Süßen**

  Zum Süßen so wenig Zucker wie möglich nehmen.
  Je nach Erlaubnis des Arztes natürliche Süßungsmittel in kleinen Mengen den Speisen zufügen, wie: Apfeldicksaft, Malz, Honig oder passierte, süße Früchte.
  Wenn die Süßkraft durch Honig oder Früchte nicht ausreicht, mit etwas Süßstoff nachhelfen.

- Die Kilokalorie (**kcal**) ist die Einheit für den Energiegehalt der Nährstoffe Eiweiß, Fett und Kohlenhydrate.
  Ab 1977 wird der Energiegehalt der Nahrung auf internationaler Ebene in Kilojoule (**kJ**) angegeben:

  $$1 \text{ kcal} = 4{,}186 \text{ kJ}.$$

  In den Angaben sind die Zahlen auf- und abgerundet.

Heute kocht man anders:

Schonendste Zubereitung ermöglichen *Alufolie, Bratenfolie* oder *Gefrierkochbeutel.*

Römertopf und *Teflonpfanne* helfen Fett einsparen und fördern die Geschmacksbildung des Kochgutes.

Grillen ist stets dem Braten in Fett vorzuziehen (kein Holzkohlengrill).

Benützen des *Dampfdrucktopfes* spart Zeit und erhält Vitamine.

Vielfach wird das *Gefrierkochen* empfohlen, das heißt, man kocht größere Mengen, die dann portionsweise eingefroren werden. Nach dem Auftauen können die Speisen jedesmal anders gewürzt, gebunden oder mit frischen Zutaten, wie Sahne und Kräuter, geschmacklich verändert werden. Gefüllte Gefrierkochbeutel oder mehrere kleine Alufolienpäckchen können gleichzeitig in einem breiten Topf mit wenig Wasser erhitzt werden.

Merke: Gefahren des Gefrierkochens entstehen bei:

1. fehlerhaften Gefriergeräten
2. unterbrochener Kühlkette
3. nicht einwandfreien Lebensmitteln, deren bakterielle Verunreinigungen oft nicht sichtbar sind,

   denn die bakteriellen Überwucherungen sind bei tiefgefrorenem Kochgut weitaus höher als bei normal zubereiteter Frischkost, deshalb aufgetautes Fleisch und Gemüse immer gründlich durchkochen, sofort verbrauchen und nicht erneut aufwärmen.

Nicht vergessen — das Altbewährte!

Langsames, langes Kochen bringt erhöhte Bekömmlichkeit und vielfach besseren Geschmack.

Das *Wasserbad* (siehe auf Seite 15) zum schonenden Erwärmen von garen Speisen, sowie das *Erwärmen über Wasserdampf* in einem Sieb ermöglichen Fettzugaben zu vermeiden. Das Sieb kann auch mit Alufolie ausgelegt werden, was wiederum Geschirrsparen hilft und schonendes Erwärmen ermöglicht.

Für den eiligen Leser

• *Abkürzungen zu den Mengen:*	**EL**	*Eßlöffel*
	KL	*Kaffeelöffel*
	Pr	*Prise*
	Msp	*Messerspitze*
	Stck	*Stück*
	l	*Liter*
	ml	*Milliliter (ccm)*
	g	*Gramm*
• *zu den Nährwertangaben*	**E**	*Eiweiß*
	F	*Fett*
	KH	*Kohlenhydrate*
	kcal	*Kilokalorien*
	kJ	*Kilojoule*

Bedeutung der Begleitnummern: ① ② ③ ④

① Rezepte für die akute Phase, **Stufe 1**

② passierte, fett- und eiweißarme Kost, **Stufe 2**

③ Schonkost, **Stufe 3**

④ Leichte Kost als Dauerkost, **Stufe 4**

Anmerkung: Selbstverständlich kann man in der Dauerkost (Stufe 4) auch die leichter verdaulichen Gerichte der anderen Diätstufen verwenden.

Praktische Mengenangaben

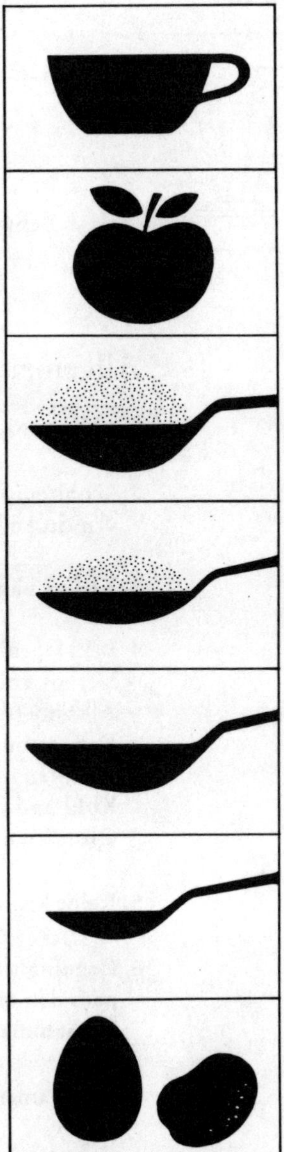

125 ccm (ml) – 1/8 l – 1 Tasse Flüssigkeit

100 g – 1 kleiner Apfel

30 g – 1 Eßlöffel Mehl, Mondamin, Reis, Zucker gehäuft gefüllt in Großmutters Besteck

20 g – 1 Eßlöffel Mehl, Mondamin, Reis, Zucker gehäuft gefüllt im modernen Eßbesteck

10 g – 1 Eßlöffel Öl

5 g – 1 Kaffeelöffel Öl

60 g – 1 Kartoffel, hühnereigroß

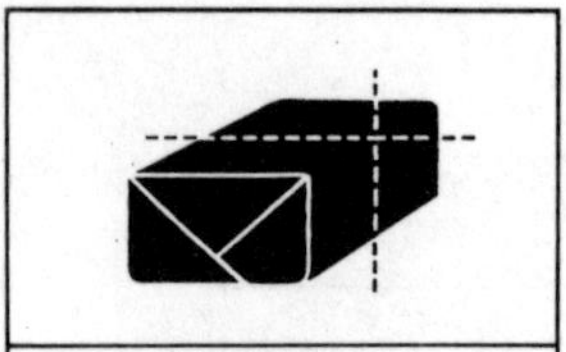

10 g – 1/2 Hotelpäckchen Butter

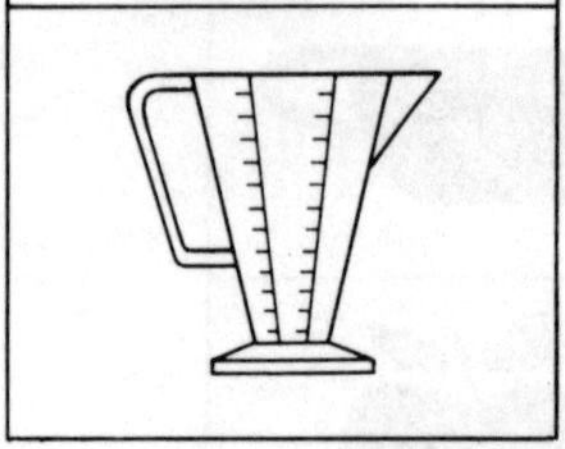

Besitzen Sie schon einen Meßbecher?

Allgemeine Richtlinien

1. Langsam essen, gut kauen!

2. Wohltemperierte Speisen servieren,
   – nicht zu heiß und nicht zu kalt –

3. Kleine, häufige Mahlzeiten!

4. Bei Magenbeschwerden:
   Verbot von:
   Alkohol (Bier, Wein, Spirituosen)
   Kaffee und Nikotin
   gesüßten und fetten Speisen
   Kohl und Hülsenfrüchten (z. B. Linsen)
   Obstsäften und starken Gewürzen

5. Keine kleinen Spätmahlzeiten (Fernsehknabberei)

6. Genußmittel (Alkohol, Kaffee) nur während oder unmittelbar nach den Mahlzeiten nehmen!
   Nicht außerhalb der Mahlzeiten!

7. Medikamente während der Mahlzeiten nehmen!

8. In Ruhe und angenehmer Umgebung essen!

Getränke und Suppen

1 ① Getränke

Leichter schwarzer Tee ohne Zucker
oder
Kräutertee aus: Kamille, Pfefferminze, Kümmel oder Salbei, einzeln oder gemischt.

Nach ärztlichen Anweisungen dazu:
Zwieback oder Knäckebrot,
und zu den Hauptmahlzeiten: Schleimsuppe.

2 ① Reisschleimsuppe (3–4 Portionen)

50 g Milchreis oder Bruchreis
3/4 l Wasser
1 Pr Salz

Milchreis oder Bruchreis in Wasser so lange kochen, bis die Körner verkocht sind, dabei mehrmals umrühren.
Zuletzt die Suppe salzen.

E 1 g F 0,6 g KH 12 g kcal 60 kJ 250

***Tip:** Wenn die Suppe stark eingekocht ist, erneut Flüssigkeit zufügen, bis sie die gewünschte Stärke erhält.

3 ① **Haferschleimsuppe**

25 g Haferflocken
1/4 l Wasser
1 Pr Salz

Haferflocken mit kaltem Wasser zum Kochen bringen und 10 bis 15 Minuten leicht kochen lassen.
Suppe durch ein feines Sieb streichen, zuletzt salzen.

E 3 g F 2 g KH 17 g kcal 100 kJ 420

Haferschmelzflocken als Helfer in der Küche

Für alle Gerichte, die in der Krankenkost besonders mild zubereitet werden sollen, eignen sich Haferschmelzflocken, bzw. Instant-Haferflocken. Durch Einstreuen von 1–2 EL Haferflocken können rohe oder gekochte Speisen gebunden und gemildert werden. Sie lösen sich sofort auf und klumpen nicht. Man kann sie mitkochen oder roh genießen. Sie liefern neben bekömmlichen Quellstoffen auch wertvolles Eiweiß, Vitamine und Mineralstoffe.

10 g Haferschmelzflocken = 2 EL:
E 1,4 g F 0,7 g KH 6,6 g kcal 40 kJ 170

Speisen und Rezepte für Stufe 2 (passierte, fett- und eiweißarme Kost)

Suppen

4 ② **Nudel-, Reis-, Grieß-, Haferflocken- oder Sagosuppe**

1/4 l entfettete Brühe
20 g Nudeln oder
Reis oder
Grieß oder
Haferflocken oder
Sago
1 Pr Salz
1 Pr Suppenwürze

In die kochende Brühe die Suppeneinlage einstreuen und 15 bis 20 Minuten garkochen lassen. Wenn nötig, mehr Flüssigkeit zugießen. Suppe mild würzen.

E 2 g F 0,2 g KH 15 g kcal 70 kJ 300

***Tip:** Brühe entfetten.
Bei kalter Brühe läßt sich die Fettschicht abheben.
Heiße Brühe durch Auflegen eines Löschblatts, Tempotuches oder Küchenkrepp entfetten.

5 ② Suppe aus passiertem Gemüse – Cremesuppen

$^{1}/_{2}$ Portion fettarm zubereitetes Gemüse
$^{1}/_{8}$ l entfettete Brühe
5 g Mehl
1 Pr Salz

Gemüse durch ein Sieb oder im Mixer passieren. Mehl mit Brühe verrühren, passiertes Gemüse zugeben und 5 Minuten kräftig kochen lassen. Mild würzen.

E 2,5 g F 1 g KH 11 g kcal 65 kJ 270

***Tip:** Für die eilige Hausfrau:
Für diese Suppe eignet sich Babygemüse im Glas, das mit Brühe verdünnt und leicht gewürzt werden kann. Nach Belieben 1–2 EL Milch an die Suppe geben.

6 ② Leicht geröstete Mehl-, Grieß- oder Haferflockensuppe

30 g Mehl oder Grieß oder Haferflocken
$^{1}/_{4}$ l entfettete Brühe
1 Pr Salz
1–2 EL Milch

Mehl, Grieß oder Haferflocken in einer Teflonpfanne oder in einem Topf ohne Fettzugabe hellbraun rösten. Mit Brühe aufgießen, 10 Minuten kochen lassen und mild würzen.

E 3,5 g F 1 g KH 25 g kcal 125 kJ 530

***Tip:** Zur Abwechslung 50 g sehr fein geschnittenes Suppengemüse mitkochen. Tiefgefrorenes, gemischtes Suppengemüse mit dem Wiegemesser oder im Mixer zerkleinern.

Soßen

7 ② Helle Soße

$^{1}/_{8}$ l entfettete Brühe
10 g Mehl
1 Pr Salz
evtl. 1–2 EL Milch oder
20 g Magerquark

Brühe mit Mehl gut verrühren und kräftig kochen lassen, wenn nötig, mehr Flüssigkeit zugeben. Soße mild salzen, evtl. zuletzt Milch oder Magerquark zugeben.

E 2 g F 0,3 g KH 7,5 g kcal 40 kJ 170

***Tip:** Zur Abwechslung Soße verfeinern mit:
1 KL gehacktem Dill oder Petersilie oder
1 KL mildem Tomatenmark oder
1 EL saurer Sahne oder
$^{1}/_{2}$ KL Senf

8 ② Haschee

100 g gekochtes Kalbfleisch oder Geflügelfleisch ohne Haut
100 g entfettete Brühe
10 g Mehl
1 Pr Salz
Zitronenschale

Fleisch im Fleischwolf oder mit dem Wiegemesser gut zerkleinern.
Brühe mit Mehl mischen, 5 Minuten kochen lassen. Püriertes Fleisch zugeben, mild würzen und zusammen erhitzen.

E 27 g F 5 g KH 7 g kcal 185 kJ 770

9 ② Fischfilet gedünstet

100 g frisches Kabeljau- oder Goldbarschfilet
1/8 l Wasser
1 Zitronenscheibe
1/2 KL Salz
1/2 Lorbeerblatt
1 KL Dill oder Petersilie

Fischfilet waschen. Wasser mit den Würzzutaten erhitzen und das Fischfilet 15 Minuten darin sieden lassen. Nach 10 Minuten die frischen Kräuter zufügen.

E 17 g F 2 g KH 0 kcal 90 kJ 380

***Tip:** Das Fischfilet kann man auch, in Alufolie eingepackt, dünsten. Die angegebene Menge soll bei Stufe 2 eingehalten werden.

10 ② Fischklößchen

100 g Fischfilet, frisch oder tiefgefroren
1 Eiweiß
20 g Semmelbrösel
1 EL frische Kräuter
1/2 KL Salz
1/2 l Wasser mit
30 g Karotte
30 g Sellerie
1/2 Lorbeerblatt
1/2 KL Salz
1 EL Zitronensaft

Fischfilet zweimal durch den Fleischwolf geben oder im Passiergerät zerkleinern. Semmelbrösel, Eiweiß, Salz und Kräuter zugeben und einen Teig bereiten. 4–5 kleine Klößchen formen und im Sud aus Wasser mit Karotte, Sellerie und Lorbeerblatt, Salz und Zitronensaft 5 Minuten gar ziehen lassen.

E 23 g F 2,4 g KH 14 g kcal 175 kJ 730

***Tip:** Aus frischem Fischfilet kann eine größere Menge hergestellt werden, welche man roh oder gekocht einfrieren kann.
Die Fischklößchen können auch in Soße oder Gemüse gar gekocht werden.

11 ② **Forelle blau**

1 kleine Forelle
ca. 150 g brutto
1 l Wasser
1 Zitronenscheibe
1 KL Salz
1 Lorbeerblatt
2 Gewürzkörner
1 EL Essig

Wasser mit den Würzzutaten aufkochen.
Geputzte, ausgenommene Forelle einlegen und 20 Minuten im Sud ziehen lassen, nicht stark kochen!
Mit Petersiliensträußchen und Zitronenspalten garnieren.

E 20 g F 2 g KH 0 kcal 100 kJ 420

Beilagen

12 ② **Kartoffelschnee**

150–200 g frisch gekochte Kartoffeln sofort durch ein Sieb auf einen vorgewärmten Teller drücken.
Der lockere Kartoffelschnee darf nicht verrührt werden, da er sonst „zusammenklebt“!

13 ② **Kartoffelbrei (fettfrei)**

150 g Kartoffeln
60 g Magermilch
1 Pr Salz

Frisch gekochte Kartoffeln heiß passieren, mit kochender Magermilch und Salz verrühren.

E 5 g F 0 KH 32 g kcal 150 kJ 630

***Tip:** Kartoffelbrei kann auch aus fertigen Püreeflöckchen mit Magermilch zubereitet werden.
Butterzugabe erst nach ärztlicher Erlaubnis.

14	② **Gedämpfter Reis**
60–80 g Reis *1/4 l Wasser* *1 Pr Salz*	Reis in das kochende Wasser einstreuen, bei schwacher Hitze dünsten lassen, bis die Flüssigkeit eingesogen ist. E 4 g F 0,6 g KH 47 g kcal 215 kJ 900 ***Tip:** Kochbeutelreis in der dafür angegebenen Wassermenge 25 Minuten lang kochen, so daß er weicher als zu einer üblichen Reisspeise wird.

15	② **Nudeln**
	Wenn Sie in diesen Tagen Nudeln kochen, sollten Sie diese 5 bis 10 Minuten länger als gewöhnlich garen, damit sie bekömmlicher werden. Gekochte Nudeln abseihen und mit heißem Wasser übergießen. Kalte Nudeln können Sie in einem Sieb über kochendem Wasser ohne Fettzugabe erwärmen.

Gemüse

In diesen Tagen sollte nur frisches oder tiefgefrorenes Gemüse Verwendung finden.

Die eilige Hausfrau kann auf **Babygemüse in Gläsern** zurückgreifen und dieses etwas nachsalzen.

Die Gemüse sollten sehr weich gekocht und am besten passiert angeboten werden. Fettzugabe nur nach ärztlicher Erlaubnis.

16 ② **Spargelspitzen, Karotten, Schwarzwurzeln, junge Kohlrabi, Zucchini** oder **Fenchel** (Finocci) als Gemüse

150–200 g Gemüse
$^1/_8$–$^1/_4$ l Wasser
oder
entfettete Brühe
1 Pr Salz
5 g Mehl oder Haferschmelzflocken

Gemüse putzen, alle harten oder holzigen Teile gründlichst entfernen. Gemüse in der Flüssigkeit weichkochen, leicht salzen, mit Mehl oder Haferschmelzflocken stauben und durch ein Sieb oder im Starmix passieren.

E 5 g F 1 g KH 15 g kcal 90 kJ 380

***Tip:** Größere Mengen können gekocht und portionsweise eingefroren werden. Tiefgefrorenes Gemüse sollte nur in der erforderlichen Menge zubereitet werden.
Die Gemüse können einzeln oder zu mehreren Sorten zusammen gekocht werden.

Merke: Für Gemüsegerichte sollte nur junges, faserarmes Gemüse von höchster Qualität verwendet werden.

17 ② **Salatgemüse oder Spinat**

150 g junger Spinat
oder
150 g Kopfsalat
$^1/_2$ l Wasser
$^1/_8$ l Magermilch
10 g Mehl
1 Pr Salz
30 g Speisequark

Spinat- oder Kopfsalatblätter gründlich waschen und in kochendem Wasser 5 Minuten weichkochen. Flüssigkeit abseihen und das Gemüse fein wiegen oder mixen.
Mehl mit Magermilch verrühren, aufkochen lassen und das Gemüse zugeben. Zuletzt leicht salzen und mit Speisequark verfeinern.

E 3 g F 2 g KH 11 g kcal 75 kJ 320

18 ② **Basler Karottenmus**

150 g Karotten
150 g Kartoffeln
$^1/_4$ l Wasser
1 Pr Salz
100 g Milch

Karotten und Kartoffeln schälen, in Würfel schneiden und zusammen in Wasser sehr weichkochen. Wenn nötig, übriges Wasser abseihen, Gemüse durch ein Sieb streichen und mit heißer Milch und Salz verrühren.

E 7 g F 3,5 g KH 45 g kcal 245 kJ 1025

19 ② **Apfelmus**

kann man in größeren Mengen zubereiten und einige Tage aufbewahren, einfrieren oder einwecken.
Äpfel von Stengel und Blütenresten, sowie dunklen Stellen befreien und mit Wasser bedeckt, sehr weichkochen. Nach Belieben eine Zimtstange oder Zitronenschale mitkochen und vor dem Passieren entfernen.

② **Apfelschnee**

1 Portion Apfelmus = ca. 150 g
1 Eischnee

Apfelmus mit steif geschlagenem Eischnee mischen und sofort servieren.

E 4,4 g F 0 KH 12 g kcal 65 kJ 270

20 ② **Apfel-, Birnen-, Aprikosen- oder Pfirsichkompott**

250 g Früchte, einzeln oder mehrere Sorten gemischt
1/4 l Wasser
Zitronenschale oder
1/4 Zimtstange

Früchte schälen, entkernen und in Stücke schneiden. In Wasser mit Zitronenschale oder Zimtstange sehr weichkochen. Zitronenschale und Zimt entfernen.
Kompott evtl. passieren!

Das Kompott reicht für mehrere kleine Portionen!

***Tip:** Größere Mengen kochen und sie in kleinen Portionen anbieten.
Flüssigkeit erhöhen und vor dem Passieren für ein Saftgetränk abgießen.
Das Saftgetränk mit Haferschmelzflocken gemischt als Zwischenmahlzeit geben.

21 ② Vanillepudding (3–4 Portionen)

1/2 l Magermilch
1 Päckchen Puddingpulver
2 EL Wasser
evtl. 2 Eischnee

Magermilch erhitzen, Puddingpulver mit Wasser anrühren und in die kochende Milch einlaufen lassen. Steifen Eischnee unter den heißen Pudding rühren. Nach Bedarf etwas Süßstoff zugeben.

E 8 g F 0 g KH 18 g kcal 105 kJ 440

22 ② Geschlagene Banane

1 kleine, weiche Banane, ca. 100 g
1 Eischnee
oder
30 g Speisequark
oder
50 g Magermilch
10 g Haferschmelzflocken

Banane schälen und mit der Gabel zerdrücken und anschließend schaumig schlagen. Mit Eischnee oder Speisequark oder Magermilch mit Schmelzflocken vermischen und sofort servieren.

E 5 g F 0 KH 21 kcal 105 kJ 440

***Tip:** Die Zugabe von 1–2 KL Zitronensaft verhindert das Dunkelwerden der Bananenspeise.

23 ② Zwischenmahlzeiten für unterwegs:

Viele kleine Mahlzeiten, siehe Vorwort Seite 11 sind einzuhalten. Hierzu sind auch zum Mitnehmen geeignet:

Zwieback oder Knäckebrot oder Haferkeks, ungesüßt oder sehr reife Birne oder Magermilchjoghurt oder kleine, reife Banane.

24 ② Getränke für zu Hause und unterwegs

Leichter schwarzer Tee mit und ohne Milch
Kräutertee
Mineralwasser ohne Kohlensäure
Karottensaft
Magermilch mit Haferschmelzflocken
Bananenmixgetränk mit Magermilchjoghurt

Alle Getränke sollten nicht zu heiß und nicht zu kalt sein und in kleinen Schlucken mit Zwieback oder Knäckebrot genommen werden.

Tagesbeispiel für die Diätstufe 1
1–4 Tage lang Verabreichung von Tee, Schleim, Zwieback und Knäckebrot

1. Frühstück	leichter schwarzer Tee Zwieback, 1–2 Stück
2. Frühstück	Haferschleimsuppe Rezept 3
Mittagessen	Reisschleimsuppe Rezept 2 evtl. mit Zwieback oder Knäckebrot
Nachmittag	Kräutertee Knäckebrot, 1–2 Stück
Abendessen	Haferschleimsuppe Rezept 3
zur Nacht	Kräutertee evtl. Zwieback oder Knäckebrot, 1 Stück
	E 11 g F 5 g KH 80 g kcal 420 kJ 1760

Tagesbeispiel für die Diätstufe 2
1. Tag

1. Frühstück	leichter schwarzer Tee Toastbrot, 1 Scheibe, 30 g Butter, 5 g Apfelgelee, 10 g
2. Frühstück	Magermilchjoghurt, 1 Becher Knäckebrot, 1 Stück, 10 g
Mittagessen	Haferflockensuppe Rezept 4 Karottengemüse Rezept 16 Kartoffelschnee Rezept 12 Apfelmus Rezept 19
Nachmittag	schwarzer Tee oder Kräutertee Zwieback, 1–2 Stück
Abendessen	Toastbrot, 1 Scheibe, 30 g Butter, 5 g Doppelrahmfrischkäse, 1/2 Ecke, 30 g passiertes Kompott Rezept 20
	E 25 g F 20 g KH 150 g kcal 910 kJ 3800

Tagesbeispiel für die Diätstufe 2
2. Tag

1. Frühstück	schwarzer Tee oder Kräutertee Toastbrot, 1 Scheibe, 30 g Knäckebrot, 1 Stück, 10 g Butter, 10 g Gelee, 20 g
2. Frühstück	Karottensaft mit Haferschmelzflocken Rezept 117
Mittagessen	Gemüsecremesuppe Rezept 5 Haschee Rezept 8 Kartoffelbrei Rezept 13 Apfelmus Rezept 19
Nachmittag	schwarzer Tee oder Kräutertee altbackenes Hefebrot Gelee, 20 g
Abendessen	weiches Ei, 1 Stück Schmelzkäse, 1/2 Ecke, 30 g Lachsschinken, 30 g Weißbrot oder Knäckebrot, 2 Stück Tee oder Saftgetränk mit Haferschmelzflocken Rezept 117

E 60 g F 35 g KH 210 g kcal 1430 kJ 5900

Tagesbeispiel für die Diätstufe 2
3. Tag

1. Frühstück	Tee oder Kräutertee Brötchen, 1 Stück, altbacken Butter, 10 g Gelee oder Honig, 20 g
2. Frühstück	Kamillentee Zwieback, 1–2 Stück
Mittagessen	Nudelsuppe Rezept 4 Forelle blau Rezept 11 Salzkartoffeln, 150 g Vanillepudding Rezept 21
Nachmittag	geschlagene Banane oder eine kleine, reife Birne Leibnizkeks, 1–2 Stück
Abendessen	kaltes Geflügelfleisch, 25 g oder Putenschinken leichtes Grahambrot, 1 Scheibe, 40 g Butter, 10 g passiertes Kompott Rezept 20

E 50 g F 20 g KH 185 g kcal 1150 kJ 4800

Tagesbeispiel für die Diätstufe 2
4. Tag

1. Frühstück	Tee oder Kräutertee Toastbrot, 1 Scheibe, 30 g Knäckebrot, 1 Stück, 10 g Butter, 10 g Speisequark, 50 g, mit Konfitüre, 20 g
2. Frühstück	Tee mit Milch Haferkekse, 3–4 Stück
Mittagessen	Grießsuppe Rezept 6 Reis Rezept 14 Dillsoße Rezept 7 Gemüse Rezept 16 Kompott Rezept 20
Nachmittag	Saftgetränk Rezept 117 Knäckebrot, 1–2 Stück
Abendessen	Speisequark oder Hüttenkäse, 100 g geschlagene Banane Rezept 22 Brötchen, 1 Stück Knäckebrot, 1–2 Stück weicher Camembert, 30 g oder gekochten Schinken, 30 g

E 55 g F 30 g KH 275 g kcal 1630 kJ 6820

Zu den Tagesspeisefolgen für die Diätstufen 3 und 4

- Mittag- und Abendessen, sowie Zwischenmahlzeiten dürfen ausgetauscht werden.

- Eine Mahlzeit täglich als Kaltverpflegung, ist auch zum Mitnehmen geeignet.

- Zum kalten Abendessen können auch jederzeit Salz-, Pell- oder Folienkartoffeln, sowie Reis und Nudeln, statt Brot gegessen werden. Diese Zuspeisen sollten zu den Mahlzeiten jeweils frisch gekocht werden.

- In den Tagesspeisefolgen sind bekömmlichere Auswahlessen angegeben.

- Getränke, wie Tee und Kaffee sollten, besonders für die Stufe 3 nicht zu stark sein und mit frischer Milch verdünnt, getrunken werden.
  Gemüsesäfte, kohlensäurefreie Mineralwasser oder ungesüßte Fruchtsäfte, dürfen zusätzlich genommen werden.

- Als Frühstücksgetränk dürfen Sie das trinken, was Ihnen gut bekommt, und was Sie bisher gewohnt sind.

Und nun guten Appetit!

1. Tag für die Diätstufe 3

1. Frühstück	schwarzer Tee mit Milch evtl. mit Zucker oder Süßstoff Toastbrot, 2 Scheiben, 60 g Butter oder Margarine, 10 g weiches Ei, 1 Stück Konfitüre oder Gelee, 20 g
2. Frühstück	Joghurt, 1 Becher, 150 g Knäckebrot, 1 Stück, 10 g
Mittagessen	Frühlingssuppe Rezept 26 Kalbsfrikassee Rezept 39 Reis Rezept 72 grüner Salat Rezept 98 Kompott Rezept 86
Nachmittag	leichter Kaffee oder Tee mit Milch Vollkornzwieback, 4 Stück, 20 g Butter oder Margarine, 10 g
Abendessen	gekochter Schinken, 1 Scheibe, 30 g Gervais, 1/2 Ecke, 30 g Graubrot, 1 Scheibe, 50 g Brötchen, 1 Stück Apfelkompott Rezept 20
	E 70 g F 65 g KH 240 g kcal 1875 kJ 7850
Auswahlessen für Mittag	Karottenrohkost Rezept 99 Kümmelfleisch Rezept 41 Salz- oder Folienkartoffeln, 150 g frisches Obst, z. B. reife Birne
Auswahlessen für Abend	Basler Karottenmus Rezept 18 gegrillte Kalbsbratwürste, 3 Stück grüner Salat Rezept 88 oder belegte Brötchen mit magerer Frischwurst und Schmelzkäse

2. Tag für die Diätstufe 3

1. Frühstück	Kakaogetränk aus 1/8 l Milch und 1/8 l Wasser Grahambrötchen, 1 Stück, 40 g Butter oder Margarine, 10 g Speisequark oder Hüttenkäse, 100 g
2. Frühstück	reife, weiche Birne, 1 Stück, 150 g oder Joghurt, 1 Becher, 150 g
Mittagessen	Blumenkohlsuppe „Dubarry" Rezept 29 Tafelspitz Rezept 38 Kartoffelbrei Rezept 70 Karottensalat Rezept 103 feine Fruchtcreme Rezept 88
Nachmittag	Kräutertee Knäckebrot, 2 Stück, 20 g Spread, 10 g Rezept 114
Abendessen	Geflügelsalat halbes Rezept 106 Toastbrot, 2 Stück, 60 g Butter oder Margarine, 10 g Pfirsich- oder Aprikosenkompott Rezept 86
	E 80 g F 75 g KH 225 g kcal 1955 kJ 8180
Auswahlessen für Mittag	Gemüsesuppe Rezept 5 Kalbsgulasch Rezept 40 Basler Karottenmus Rezept 18 Banane, 1 Stück
Auswahlessen für Abend	Frischwurst (Mortadella, Bierschinken), 50 g Gervais, 1/2 Ecke Brot und Kompott, wie oben

3. Tag für die Diätstufe 3

1. Frühstück	Milchkaffee aus 1/8 l leichtem Kaffee und 1/8 l Milch evtl. mit Zucker oder Süßstoff Brötchen, 1 Stück gekochter, magerer Schinken, 1 Scheibe, 30 g
2. Frühstück	Apfel oder Birne, 1 Stück
Mittagessen	Zucchini- oder Karottenrohkost Rezept 100 Putengulasch Rezept 50 Nudeln Rezept 74 Salat Rezept 98 Obstreis Rezept 83
Nachmittag	Joghurt, 1 Becher, 150 g Crackers, 6 Stück, 20 g oder 3–4 Haferkekse
Abendessen	weiches Ei, 1 Stück Frischwurst, 50 g Brot, 1 Scheibe, 50 g Knäckebrot, 1 Stück, 10 g Butter oder Margarine, 10 g geschälte Tomate, 100 g
	E 85 g F 65 g KH 250 g kcal 1980 kJ 8290
Auswahlessen für Mittag	Fischgulasch Rezept 56 oder Fischklößchen Rezept 10 Reis oder Salzkartoffeln grüner Salat Rezept 98
Auswahlessen für Abend	Saftgetränk Rezept 117 Hüttenkäse, 100 g magerer Schinken, 1 Scheibe, 30 g geschälte Tomate Brot oder Kartoffeln

4. Tag für die Diätstufe 3

1. Frühstück	wie am 2. Tag
2. Frühstück	reife Birne, 1 Stück oder Kompott Rezept 20
Mittagessen	Kartoffelsuppe Rezept 30 Fischröllchen Rezept 52 Kartoffelbrei Rezept 70 gelbe Rüben Rezept 75 Bananencreme Rezept 88
Nachmittag	schwarzer Tee oder Kräutertee Biskuit Rezept 97
Abendessen	Tatar Rezept 109 Brot, 50 g Knäckebrot, 1 Stück, 10 g weicher Camembert, 30 g Kompott Rezept 86
	E 95 g F 60 g KH 235 g kcal 1910 kJ 8000
Auswahlessen für Mittag	Forelle blau Rezept 11 Salzkartoffeln, mit frischem Dill geschmorte Zucchini Rezept 78 oder Hühnertopf Rezept 59 Biskuitgebäck Rezept 97
Auswahlessen für Abend	Bündner Fleisch, frisch, 30 g oder Rinderschinken, 50 g Toastbrot, 60 g Spread Rezept 114 abgezogene Tomate, 100 g

5. Tag für die Diätstufe 3
Beispiel mit Proviant für den Sonntagsausflug

---

1. Frühstück	wie am 1. Tag
Proviant	Buttermilchbrot, 2 Scheiben Rezept 91 Brötchen, 1–2 Stück Knäckebrot, 1–2 Stück Butter oder Margarine, 20 g kaltes Hühnerfleisch, 100 g oder kalter Braten, 100 g oder roher Schinken, 80 g Schmelzkäse, 1 Ecke 30 % F. i.Tr. Tomate oder Zucchini, 100 g Banane, 1 Stück Joghurt, 1 Becher, 150 g Butterkekse oder Löffelbiskuit, 2–5 Stück Tee oder Mineralwasser
Abendessen	Hühnertopf Rezept 59 Vanillepudding Rezept 21
	E 105 g F 60 g KH 230 g kcal 1930 kJ 8080
Auswahlessen für Abend	Kalbsfrikassee Rezept 39 Reis Rezept 72 oder Kartoffelbrei Rezept 70 grüner Salat Rezept 98
	oder Speisequark, angemacht, 50 g Frischwurst oder magerer Schinken, 30 g geschälte Tomate, 100 g Brot nach Wahl Saftgetränk Rezept 117 oder Kompott nach Wahl

6. Tag für die Diätstufe 3
Beispiel für einen Fest- oder Feiertag

---

1. Frühstück

schwarzer Tee mit Milch
evtl. mit Zucker oder Süßstoff
Grahambrot, 1 Scheibe, 40 g
Butter oder Margarine, 10 g
Lachsschinken, 30 g
Hefezopf, 1 Stück, 30 g

2. Frühstück

Orange oder Birne, 1 Stück

Mittagessen

klare Bouillon, 1/4 Liter
gegrilltes Filetsteak   Rezept 46
geschmorte Zucchini   halbes Rezept 78
gelbe Rüben   halbes Rezept 75
Folienkartoffeln   Rezept 69
feine Fruchtcreme   Rezept 88

Nachmittag

leichter Kaffee mit 1/8 l Milch
Biskuitkuchen, 2 Stück   Rezept 97
Sahne, 2 flache Eßlöffel, 25 g

Abendessen

kaltes Roastbeef, 50 g
Hüttenkäse, 100 g
geschälte Tomate, 100 g
Buttermilchbrot, 2 Scheiben
evtl. Knäckebrot, 1 Stück, 10 g

E 90 g   F 80 g   KH 225 g   kcal 2160   kJ 9040

Auswahlessen für Mittag

Schmaltier, gedünstet   Rezept 47
Spätzle oder Nudeln
Selleriesalat   Rezept 101

Auswahlessen für Abend

Gemüsesülze   Rezept 111
Camembert, 30 g
Lachs- oder roher Schinken, 30 g
Brot und evtl. 10 g Butter oder Margarine

außerdem zu den Hauptmahlzeiten
1 Glas Wein oder Bier

1. Tag für die Diätstufe 4

1. Frühstück	Kaffee oder Tee (mit Milch, Zucker oder Süßstoff) Brötchen, 1 Stück Knäckebrot, 1 Stück, 10 g Butter oder Margarine, 10 g weiches Ei, 1 Stück Konfitüre oder Honig, 20 g
2. Frühstück	Butterbrezel, 1 Stück mit 10 g Butter
Mittagessen	Leberspätzlesuppe Rezept 31 Gemüsespießchen Rezept 64 Kartoffelbrei Rezept 70 Obstreis Rezept 83
Nachmittag	Banane oder Apfel, 1 Stück
Abendessen	Tatar Rezept 109 Toastbrot, 2 Scheiben, 60 g Butter oder Margarine, 10 g Tomate oder frische Gurke, 100 g Apfelkompott Rezept 86
	E 65 g F 65 g KH 255 g kcal 1920 kJ 8040
Auswahlessen für Mittag	Kuchenmichel Rezept 65 Kohlrabi-Möhrengemüse Rezept 77
Auswahlessen für Abend	Fleischklößchen gegrillt Rezept 42 Zucchini, frisch, 100 g oder Zucchinirohkost Rezept 100 Brötchen oder Grahambrot, 1–2 Stück

2. Tag für die Diätstufe 4

1. Frühstück	Kakaogetränk aus 1/4 l Milch oder Tee oder Kaffee Grahambrötchen, 1 Stück, 40 g Butter oder Margarine, 10 g Gelee oder Honig, 20 g
2. Frühstück	reife Birne oder Orange, 1 Stück
Mittagessen	Bouillon mit Einlage Rezept 25 Rinderlende, gegrillt Rezept 46 Kartoffelbrei Rezept 70 Zucchini-Bananen-Rohkost Rezept 100 Mocca-Creme Rezept 88
Nachmittag	Fruchtjoghurt, 1 Becher, 150 g Butterkekse, 3 Stück Rezept 93
Abendessen	Quarkkugeln Rezept 104 e Gemüsesülze Rezept 111 Brötchen oder Brezel, 1 Stück Knäckebrot, 1 Stück, 10 g Butter oder Margarine, 20 g
	E 85 g F 75 g KH 285 g kcal 2215 kJ 9270
Auswahlessen für Mittag	Putengulasch Rezept 50 Kartoffelbrei Rezept 70 oder Reis Rezept 72 Schwarzwurzelgemüse Rezept 76
Auswahlessen für Abend	Kräuterquark Rezept 104 a oder Hüttenkäse, 100 g weiches Ei, 1 Stück Tomate oder Radieschen, 50 g Grahambrot, 1 Stück, 40 g Crackers, 3–4 Stück Butter oder Margarine, 10 g

3. Tag für die Diätstufe 4

1. Frühstück	Kaffee oder Tee (mit Milch, Zucker oder Süßstoff) Brötchen, 1 Stück Grahambrot, 1 Scheibe, 40 g Butter oder Margarine, 10 g Frischwurst oder Schinken, 30 g
2. Frühstück	Apfel oder Birne, 1 Stück
Mittagessen	klare Bouillon, 1/4 Liter Brathähnchen Rezept 49 Kartoffel-Soufflé Rezept 71 Tomatensalat Rezept 102 Obstreis mit Früchten Rezept 83
Nachmittag	Magermilchjoghurt, 1 Becher, 150 g
Abendessen	Käseplatte mit 100 g verschiedenem Käse Tomate, Gurke, Radieschen, 100 g Salzbrezel, 1 Stück Crackers, 6 Stück, 20 g Butter oder Margarine, 10 g
	E 95 g F 80 g KH 230 g kcal 2075 kJ 8680
Auswahlessen für Mittag	gegrilltes Putenschnitzel Rezept 51 Kartoffelbrei Rezept 70 Salat und Dessert, wie oben
Auswahlessen für Abend	Aufschnittplatte mit 100 g verschiedener Wurst Brot und Butter, wie oben oder frische Wiener Würstchen, 1–2 Paar mit Brot oder Kartoffelbrei oder Basler Karottenmus Rezept 18

4. Tag für die Diätstufe 4

1. Frühstück	wie am 1. Tag
2. Frühstück	frisches Obst der Jahreszeit
Mittagessen	Schottische Suppe Rezept 27 Menü in der Teflonpfanne Rezept 60 Quarkcreme mit Aprikosensoße Rezept 84
Nachmittag	Tee oder Kaffee (mit Milch und Zucker oder Süßstoff) Gebäck aus Quark-Ölteig Rezept 94
Abendessen	Avokadosuppe, warm oder kalt Rezept 32 Toast, 2 Scheiben, 60 g oder Haferkeks, Crackers oder Sesam- oder Kümmelknäckebrot Butter oder Margarine, 10 g Bircher Muesli Rezept 116
	E 75 g F 70 g KH 240 g kcal 1945 kJ 8140
Auswahlessen für Mittag	Bohnenkasserolle mit Rindfleisch Rezept 61 oder Pichelsteiner Rezept 58
Auswahlessen für Abend	Joghurt mit Cornflakes Rezept 115 Brot, 50 g mit Streich- oder Frischwurst, 30 g oder Bananenspread, 20 g

5. Tag für die Diätstufe 4
Beispiel mit Proviant für den Sonntagsausflug

---

1. Frühstück	Kaffee oder Tee (mit Milch, Zucker oder Süßstoff) Buttermilchbrot, 2 Scheiben Rezept 91 Butter oder Margarine, 10 g weiches Ei, 1 Stück Konfitüre oder Gelee, 20 g
Proviant	Buttermilchbrot, 2 Scheiben Rezept 91 oder Brötchen oder Brezel, 1 Stück Knäckebrot, 2 Stück, 20 g Butter oder Margarine, 20 g kalter Braten, 100 g oder Fleischklößchen, gegrillt Rezept 42 oder roher Schinken oder Frischwurst Tomate oder Gurke, 100 g Banane, 1 Stück Joghurt, 1 Becher, 150 g Apfel oder Orange, 1 Stück Butterkekse oder russisch Brot, 5 Stück Tee oder Mineralwasser
Abendessen	Pichelsteiner Rezept 60 Vanillepudding Rezept 21
	E 90 g F 75 g KH 255 g kcal 2110 kJ 8830
Auswahlessen für Abend	Kalbsfrikassee Rezept 39 Reis Rezept 72 grüner Salat Rezept 98 oder Saftgetränk Rezept 117 Knäckebrot, 2 Stück, 20 g Hüttenkäse, 100 g Tomate oder Radieschen magerer Schinken, 1 Scheibe, 30 g

6. Tag für die Diätstufe 4
Beispiel für einen Fest- oder Feiertag

1. Frühstück	Kaffee oder Tee (mit Milch, Zucker oder Süßstoff) Hefezopf, 2 Stück, 60 g Butter, 10 g Konfitüre, 20 g
2. Frühstück	Orange oder Birne, 1 Stück
Mittagessen	klare Bouillon, 1/4 Liter Filetsteak mit Pfirsich Rezept 46 Folienkartoffeln Rezept 69 Feld- oder Kopfsalat Rezept 98 Weincreme Rezept 85
Nachmittag	Kaffee oder Tee (mit Milch, Zucker oder Süßstoff) Marmorkuchen Rezept 96 Schlagsahne, 3 EL, 50 g
Abendessen	kaltes Roastbeef, 50 g gefüllte Tomate halbes Rezept 110 Kümmelstangen, 4 Stück Rezept 95 oder Kümmel- oder Sesamknäckebrot, 1–2 Stück Kräuterquark halbes Rezept 104 a
	E 85 g F 95 g KH 160 g kcal 1890 kJ 7900
Auswahlessen für Mittag	Kalbsroulade mit Schinkenfülle Rezept 45 Spargel Rezept 82 Kartoffelbrei Rezept 70
Auswahlessen für Abend	Geflügelsalat Rezept 106 a, b oder c gefüllte Tomaten Rezept 110 Toastbrot, 2 Stück, 60 g
	außerdem zu den Hauptmahlzeiten 1 Glas Wein oder Bier

Die Kost nach Magenoperationen

Wenn der Magenoperierte aus dem Krankenhaus entlassen wird, sind alle Vorschriften des Arztes genau einzuhalten.

Die Kost wird allmählich erweitert und soll gut schmecken.

Alle Speisen sollen liebevoll zubereitet und appetitanregend angerichtet werden.

Folgende Punkte sind dabei zu beachten:

1. Reichliche Nahrungszufuhr bei kleinen Portionen!
   Als zusätzliche Kalorienträger sind leicht verdauliche Fette (Butter, Öle, Sahne) gestattet.

2. Insgesamt soll die Nahrung auf 5–6 Mahlzeiten verteilt werden.

3. Die Speisen sollen nicht zu heiß und nicht zu kalt sein.

4. Die Flüssigkeitszufuhr, vor allem in Form von gesalzenen Suppen, ist zu dosieren (nach ärztlicher Anweisung!).

5. Die Speisen sollen mild, aber gut und abwechslungsreich gewürzt sein. Geschmackliche Wünsche des Patienten sind zu berücksichtigen.

6. Alle blähenden Speisen sind zu meiden. Dazu gehören u. a. Hülsenfrüchte, Kohlgerichte und frische Backwaren.

7. Alle mit Zucker gesüßten Desserts, Kompotte und Gebäcke sind unerwünscht, da sie dem Patienten oft erneut Schmerzen bereiten.

8. Die Rezepte der Diätstufen 2 und 3 sind besonders geeignet.

9. Dem Kauvermögen des Patienten ist Rechnung zu tragen.
   Eventuell müssen manche Gerichte passiert gegeben werden.

10. Der Patient soll in Ruhe und in angenehmer Umgebung essen können.

Magendiät – heute
Warnung für Berufstätige und Auswärtsesser

In der Diätetik hat sich in den letzten Jahren sehr viel geändert. Was früher meist verboten war, wird heute sogar vielfach empfohlen.
Dennoch gibt es Speisen und Gerichte, die ungeeignet sind.

Hier eine Liste, was Sie beim Auswärtsessen lieber meiden sollten:

Suppen: Alle fetten, scharfen Suppen, besonders mit gebratenen Suppeneinlagen, wie Backerbsen u. ä.

Soßen: Feurig-pikante Soßen, besonders aus Fertigprodukten, fetthaltige, dicke Bratensoßen, Mayonnaisen.

Fleischgerichte: Panierte, fettgebackene Fleischstücke, scharfes Gulasch, fette Hammelgerichte.

Wild- und Geflügelgerichte: Gänse- und Entenbraten mit knuspriger Haut, Wiener Backhendl.

Fischgerichte: Paniertes Fischfilet, gebratene Fische mit Haut, Ölsardinen, Bratheringe, Räucherfische, Rollmöpse, saure und Salzheringe.

Hauptgerichte, Eintopfgerichte: Fettes Pichelsteiner mit vielen Kohlsorten, Eintöpfe aus Hülsenfrüchten, wie Linsen mit Speck oder regionale Bauernspezialitäten.

Vegetarische Hauptgerichte: Fette Aufläufe, süße Mehl- und Eierspeisen.

Beilagen: Pommes frites, Chips, fetter Kartoffelsalat, manchmal auch Knödel oder Klöße

Gemüse: In Fett gebratene Gemüse und Hülsenfrüchte, wie Linsen, Erbsen, dicke Bohnen,
sowie alle stark zellulosehaltigen Sorten, wie Kohl und Kraut, die meist mit viel Fett zubereitet werden.

Süßspeisen / Dessert: Alle konfektähnlichen Süßwaren und Desserts.

Backwerk: Fettgebackenes, frische Hefegebäcke, Torten und Nußspezialitäten.

Rohkost / Salate: Gurken- und Paprikasalat, fette Krautsalate, grob geschnittene, sehr saure Rohkost.

Kalte Speisen – kleine Gerichte: Speisen mit fetter Mayonnaise und vielen harten Eiern, fette, kalte Braten, scharfe, harte Wurstsorten.

Getränke und Zwischenmahlzeiten: Harte Schnäpse, kalte Biere, Weine, geröstete Nüsse, süßes Konfekt, starker Kaffee.

Die Rezepte für die Stufen 3 und 4 sind nach folgenden Gruppen geordnet:

1. **Suppen,** Rezept Nr. 25–32
2. **Soßen,** Rezept Nr. 33–37
3. **Fleischgerichte,** Rezept Nr. 38–46
4. **Wild- und Geflügelgerichte,** Rezept Nr. 47–51
5. **Fischgerichte,** Rezept Nr. 52–57
6. **Hauptgerichte / Eintopfgerichte,** Rezept Nr. 58–61
7. **Vegetarische Hauptgerichte,** Rezept Nr. 62–67
8. **Kartoffelbeilagen,** Rezept Nr. 68–71
9. **Beilagen aus Reis und Nudeln,** Rezept Nr. 72–74
10. **Gemüsebeilagen,** Rezept Nr. 75–82
11. **Süßspeisen / Dessert,** Rezept Nr. 83–90
12. **Backwerk,** Rezept Nr. 91–97
13. **Rohkost / Salate,** Rezept Nr. 98–103
14. **Kalte Speisen – kleine Gerichte,** Rezept Nr. 104–114
15. **Zwischenmahlzeiten,** Rezept Nr. 115–119
16. **Über die Genußmittel,** Rezept Nr. 120

Suppen

25 ③ Bouillon mit Einlage

1/4 l Bouillon (Fleisch- oder Gemüsebrühe)
20 g Nudeln oder Grieß oder Haferflocken
1 Pr Salz
1 Pr Muskat
1 KL Petersilie

Fleisch- oder Gemüsebrühe würzen. Suppeneinlage trocken einstreuen und in der Brühe gar kochen.

Zuletzt mit Petersilie bestreuen.

E 2 g F 1 g KH 15 g kcal 80 kJ 330

***Tip:** 1 Eigelb oder 1 verrührtes ganzes Ei der heißen Bouillon zugeben, nicht mehr kochen lassen.

26 ③ Frühlingssuppe

30 g Karotten
30 g Sellerie
30 g Lauch
30 g Blumenkohl
1/4 l Wasser oder entfettete Brühe
1 Pr Salz
1 Pr Muskat
1 KL Petersilie
5 g Butter oder Margarine

Gemüse waschen, putzen oder schälen, in sehr feine Streifen schneiden und in Wasser oder Brühe gar kochen.

Suppe würzen, mit frischer Petersilie und Butter oder Margarine verfeinern.

E 2 g F 4 g KH 6 g kcal 70 kJ 295

27 ③ Schottische Suppe

¼ l entfettete Brühe
1 Päckchen Suppengrün, tiefgefroren
oder
50 g Suppengemüse, frisch oder tiefgefroren
20 g Haferflocken
1 Pr Salz
1 Pr Suppenwürze
1 KL Petersilie

Tiefgefrorenes Suppengrün oder Gemüse in der entfetteten Brühe 5 Minuten weichkochen. Haferflocken einstreuen, aufkochen lassen. Suppe würzen und zuletzt mit fein gehackter Petersilie bestreuen.

E 3,3 g F 1,4 g KH 16 g kcal 90 kJ 380

***Tip:** Die Suppe kann mit 5 g Butter oder 30 g Sahne verfeinert werden.

28 ③ Rote Bete-Suppe, russische Art

50 g rote Bete
250 g Wasser oder entfettete Brühe
90 g Kartoffeln
1 Pr Salz
1 KL Zitronensaft
30 g saure Sahne

Gekochte rote Bete in kleine Würfel schneiden und mit rohen Kartoffelscheiben zusammen kochen, bis diese zerfallen sind. Suppe würzen und frische saure Sahne bei Tisch zur Suppe gießen.

E 4 g F 3 g KH 22 g kcal 135 kJ 560

***Tip:** Statt Kartoffelscheiben zu kochen, können Sie 2 EL Püreepulver in die Suppe geben, um sie sämig zu machen.

29 ③ Blumenkohlsuppe „Dubarry"

50 g Blumenkohl
50 g Kartoffeln
¼ l Wasser oder entfettete Brühe
1 Pr Salz
1 Pr Muskat
50 g saure Sahne

Blumenkohl waschen und in kleine Röschen teilen. Kartoffeln schälen und in kleine Stücke schneiden. Zusammen in Wasser weichkochen. Durch ein Sieb streichen, würzen und mit saurer Sahne verfeinern.

E 7 g F 5 g KH 23 g kcal 170 kJ 710

***Tip:** Frischer Blumenkohl ist weiß und fühlt sich hart an. Sie können Blumenkohl vor der Zubereitung mit kochendem Wasser überbrühen, damit der unangenehme Geruch schwächer wird.

30 ③ Kartoffelsuppe

50 g Kartoffeln
30 g Karotten
20 g Sellerie
20 g Zwiebeln
3/8 l Wasser
1 Pr Salz
1 Pr Majoran
30 g saure Sahne
1 KL Petersilie

Gemüse putzen und in kleine Würfel schneiden. Zusammen mit Wasser, Salz und den Gewürzen sehr weichkochen.

Suppe durch ein Sieb streichen; zuletzt saure Sahne und Petersilie zufügen.

E 3 g F 3 g KH 17 g kcal 110 kJ 460

31 ④ Leberspätzle-Suppe

50 g Leber
10 g Öl
1/2 Ei
10 g Semmelbrösel
20 g Zwiebel
1 Pr Salz
1 Pr Thymian
1 Pr Muskat
Schale von
1/8 Zitrone
1/4 l entfettete Brühe

Leber im Fleischwolf oder Starmix zerkleinern. Öl, Ei, Semmelbrösel und sehr fein gehackte Zwiebel mit den Gewürzen zugeben. Den Teig gut mischen. Durch ein grobes Sieb in die kochende Brühe laufen lassen, 5 Minuten kochen.

E 14 g F 15 g KH 12 g kcal 245 kJ 1030

***Tip:** **Käsereissuppe** – statt Leber, 30 g geriebenen Emmentaler mit den Zutaten zu einem Teig verarbeiten. Diesen durch ein umgedrehtes Reibeisen in die kochende Brühe drücken, einmal kurz aufkochen lassen.

32 ④ Avocado-Suppe

30 g Zwiebel
10 g Mehl
1/4 l Wasser
1 Pr Salz
1 Pr Pfeffer
1/2 Avocado
30 g saure Sahne
1 KL Petersilie

Zwiebel sehr fein schneiden. Mehl und Wasser verrühren und zusammen mit der fein geschnittenen Zwiebel 10 Minuten kochen lassen. Pikant würzen. Avocadofleisch mit einem Löffel aus der Schale schaben, pürieren, mit saurer Sahne mischen und zur Suppe geben.
Mit gehackter Petersilie bestreuen.

E 3,5 g F 15,4 g KH 12,9 g kcal 210 kJ 880

***Tip:** Die Suppe schmeckt heiß oder gekühlt gleich gut.

33 ③ Helle Soße

1/8–1/4 l Wasser oder entfettete Brühe
10 g Mehl
1 Pr Salz
1 Pr Suppenwürze
5 g Butter oder Margarine
30 g Magerquark

Mehl mit etwas kalter Flüssigkeit verrühren und in die kochende Brühe einlaufen lassen. Soße 10 Minuten kochen lassen, würzen, Butter oder Margarine zufügen. Quark mit 1–2 EL Soße verrühren und zur heißen Soße geben, nicht mehr kochen lassen.

E 6 g F 4 g KH 8 g kcal 95 kJ 400

ohne Quark:
E 1 g F 4 g KH 8 g kcal 75 kJ 310

33 a ④ **Kapernsoße:** 1 EL Kapern, evtl. fein gehackt,

33 b ③ **Dillsoße:** 1 EL frisch gehackten Dill,

33 c ③ **Kräutersoße:** 1 EL frische Kräuter oder
1 KL getrocknete Kräuter,

33 d ④ **Meerrettichsoße:** 1 EL Meerrettich, frisch gerieben,

33 e ③ **Tomatensoße:** 1 EL Tomatenmark,

zum Würzen: 1 Pr Muskat, 1 Msp Rosmarin oder Estragon,
1 KL Zitronensaft oder 1 KL Worcestersoße!

34 ③ Bechamelsoße

1/8 l Milch
10 g Mehl
3 EL Wasser
1 Pr Salz
1 Pr Muskat
Zitronenschale
5 g Butter oder Margarine

Milch zum Kochen bringen. Mehl mit Wasser anrühren und in Milch einlaufen lassen, würzen, kräftig aufkochen und zuletzt mit Butter oder Margarine verfeinern.

E 5 g F 7 g KH 13 g kcal 140 kJ 585

35 ③ Tomatensoße aus frischen Tomaten

200 g Tomaten
60 g Zwiebeln
1/2 KL Salz
1 Msp Thymian
1/4 Lorbeerblatt
1 Msp Knoblauchpulver
5 g Öl
100 g Wasser

Tomaten vierteln oder achteln. Zwiebeln fein schneiden und in Öl glasig dünsten. Tomaten zugeben, würzen und mit der Flüssigkeit zum Kochen bringen. So lange kochen, bis die Hälfte der Flüssigkeit eingekocht ist. Zuletzt die Soße durch ein Sieb streichen.

E 2 g F 5 g KH 12 g kcal 105 kJ 440

***Tip:** Die Soße kann auch mit Dosentomaten zubereitet werden. Nach Belieben ein Päckchen tiefgefrorenes Suppengrün mitkochen.

36 ④ Meerrettichsoße

30 g Meerrettich, gerieben
30 g Apfelmus
100 g Orangensaft
5 g Margarine
1 Pr Salz
1 Pr Zucker

Geriebenen Meerrettich (frisch oder aus dem Glas) in Margarine leicht andünsten, Apfelmus zugeben, mit Orangensaft aufgießen, rasch erwärmen, nicht kochen lassen und würzen.

E 1 g F 4 g KH 12 g kcal 90 kJ 380

37 ④ Joghurtsoße (kalt)

150 g Magermilchjoghurt
50 g Magerquark
1/2 KL Salz
5 g Öl
1 EL gehackte Kräuter oder
1 EL Tomatenmark oder 50 g Essiggurke
50 g Apfel

Joghurt mit Quark, Öl und Salz verrühren. Fein gehackte oder pürierte Zutaten untermischen.
Nach Belieben mit Zitronensaft und Gewürzen verfeinern.

E 12 g F 5 g KH 8 g kcal 130 kJ 540

***Tip:** Die Joghurtsoße kann als Salatsoße oder als Zugabe zu kaltem Braten oder als Dip verwendet werden.

- Für alle Fleischgerichte sollte nur gutes, mageres Fleisch von möglichst jungen Tieren verwendet werden.
- Gekocht oder gedünstet ist das Fleisch bekömmlicher als in gebratener Form.
- Gegrilltes Fleisch (nicht vom Holzkohlengrill!) wird besonders empfohlen.
- Leichtes Anbraten oder Garen im Römertopf, sowie in Braten- oder Alufolie zubereitetes Fleisch, ermöglicht den Speiseplan abwechslungsreich zu gestalten.
- Mitgaren von Gemüsestückchen (Karotten, Lauch, Sellerie, Petersilienwurzeln, Zwiebeln), welche evtl. vor dem Servieren wieder entfernt werden, verbessert vielfach den Geschmack der Gerichte.
  Auch tiefgefrorenes Suppengrün ist hierzu geeignet.
- Wenn größere Fleischmengen zubereitet werden, wie bei Braten- oder Suppenfleisch, kann übriges Fleisch zu Salaten oder anderen Gerichten gegeben werden. Gares, kaltes Fleisch ist auch ein guter Brotbelag, es sollte hierzu so dünn wie möglich geschnitten werden.

38 ③ Tafelspitz

Schon zur Kaiserzeit wurden in der Wiener Küche die besten Rindfleischstücke nur zum Kochen verwendet. Dazu gehört auch das schmale Ende des Rosenstückes: der **Tafelspitz.**
Das Hotel Sacher ist durch den Tafelspitz und seine Torte berühmt geworden.

400 g sehr mageres Ochsenfleisch
1 l Wasser
1 KL Salz
1 Lorbeerblatt
1 Bund Suppengrün

Wasser mit den Gewürzen und dem grob geschnittenen Suppengrün zum Kochen bringen.
Ochsenfleisch einlegen und ca. 1 1/2 Stunden sieden lassen (im Dampftopf ca. 30 Minuten), bis es weich ist. Fleisch schneiden und mit Brühe begossen, servieren.
Für 3–4 Personen.

1 Portion: E 15 g F 10 g KH 0 kcal 155 kJ 650

39 ③ Kalbsfrikassee (süddeutsch: eingemachtes Kalbfleisch)

300 g Kalbfleisch
100 g Karotte
100 g Sellerie
30 g Zwiebel
1/2 Lorbeerblatt
1 KL Salz
1/2 l Wasser
30 g Mehl
1 EL Zitronensaft
10 g Butter oder Margarine
30 g saure Sahne

Kalbfleisch mit kaltem Wasser und den Würzzutaten zum Kochen bringen. Gemüse putzen und zugeben. Zusammen kochen lassen, bis das Fleisch sehr weich ist. Fleisch und Gemüse aus der Brühe nehmen und beliebig klein schneiden. Mehl mit 2 EL kaltem Wasser und Zitronensaft verrühren und an die kochende Brühe geben. Wenn die Soße kräftig gekocht hat, Fleisch und Gemüse zugeben, mit Butter und saurer Sahne verfeinern.
Ergibt 2–3 Portionen.

1 Portion: E 23 g F 9 g KH 13 g kcal 230 kJ 960

***Tip:** Statt Kalbfleisch gekochtes **Geflügelfleisch** ohne Haut zum Frikassee geben.

40 ③ Kalbsgulasch

150 g Kalbsschulter
20 g Zwiebel
1/4 l Wasser
1/2 KL Kümmel
1 Pr Paprika
1 Pr Salz
20 g Tomatenmark
10 g Mehl
5 g Butter oder Margarine
1 KL Zitronensaft

Kalbfleisch von Häuten und anhaftendem sichtbarem Fett befreien und in 2 cm große Würfel schneiden. Mit Zwiebel und den Würzzutaten in Wasser dünsten, bis das Fleisch weich und die Flüssigkeit eingesogen ist. Fleisch etwas einbraten lassen, Tomatenmark zugeben, mit Mehl stauben und Flüssigkeit nachgießen. 5 Minuten kräftig kochen lassen, mit Butter und Zitronensaft verfeinern.

E 33 g F 11 g KH 12 g kcal 290 kJ 1210

***Tip:** **Geschnetzeltes Kalbfleisch ④:** Rezept für Kalbsgulasch zubereiten, Flüssigkeit einbraten lassen und nicht mit Mehl binden.

41 ③ Kümmelfleisch

150 g Kalbsschulter
1/2 KL Kümmel
1 Pr Salz
1/4 l Wasser
5 g Butter oder Margarine

Kalbfleisch in kleine Würfel schneiden, mit Kümmel und Salz in Wasser weichkochen, bis die Flüssigkeit fast eingekocht ist. Butter oder Margarine zufügen, nach Bedarf mehr Flüssigkeit zugießen.

E 32 g F 11 g KH 0 kcal 235 kJ 980

42 ③ Fleischklößchen

100 g mageres Hackfleisch
1/2 Ei
1/2 Brötchen
1 Pr Salz
1 Msp geriebene Zitronenschale
1 Pr Majoran oder Thymian oder Rosmarin

Hackfleisch sollte 2mal durch den Fleischwolf gedreht werden. Brötchen in Wasser einweichen und gut ausdrücken. Alle Zutaten zu einem Teig verkneten und 2 oder 4 Klößchen daraus formen. In Salzwasser kochen oder grillen.

E 30 g F 32 g KH 12 g kcal 470 kJ 1965

***Tip:** Für Stufe ④ können 20 g fein geschnittene Zwiebeln und beliebige Gewürze zugegeben werden.
Fleischklößchen können auch in Gemüse oder Suppe gegart oder in der Teflonpfanne gebraten werden.

43 ③ Schnitzel in Folie

1 mageres Kalbs- oder Schweineschnitzel, 125 g
1 Pr Salz
5 g Öl
1 Blatt Alufolie
1/2 l Wasser

Schnitzel von Fett und Sehnen befreien, gut klopfen, würzen und in gefettete Alufolie einwickeln.
Im Topf mit Wasser 30 Minuten gar kochen.

E 27 g F 9 g KH 0 kcal 195 kJ 815

***Tip:** Gemüse und Kartoffeln ebenfalls in Folie packen und gleichzeitig in einem flachen, breiten Topf garen.

44 ④ Pikante Kalbsleber

100 g Kalbsleber
10 g Öl
1 Pr Paprika
1 Pr Salz
200 g Pfifferlinge oder Champignons
30 g mageren Schinken
30 g Zwiebeln
1 Pr Salz
1 KL gehackte Petersilie
evtl. 1–2 EL Flüssigkeit

Pilze putzen und fein schneiden. (Dosenpilze abseihen.) Zwiebel schneiden, Schinken würfeln. Zusammen weichdünsten.

Leber würzen, von beiden Seiten braten, salzen und zusammen mit den vorgedünsteten Pilzen anrichten. Mit frischer Petersilie bestreuen.

E 33 g F 25 g KH 12 g kcal 420 kJ 1750

45 ④ Kalbsroulade mit Schinkenfülle

1 Kalbsschnitzel, sehr dünn geschnitten, = 125 g Fleisch
50 g roher oder gekochter, magerer Schinken
1 Pr Salz
1 Pr Thymian
1/4 l Wasser
5 g Mehl
30 g saure Sahne
1 Bindfaden, ca. 50 cm lang

Kalbsschnitzel sehr gut klopfen und würzen.
Mit fein gehacktem Schinken oder der ganzen Schinkenscheibe füllen, einrollen und mit dem Bindfaden zusammenbinden. Mit Wasser dünsten oder im Römertopf (zusammen mit Gemüse) garen. Wenn die Flüssigkeit eingebraten ist, nochmals Wasser zugießen. Soße zuletzt mit Mehl und saurer Sahne binden.

E 27 g F 18 g KH 4 g kcal 295 kJ 1235

***Tip:** Statt Kalbsschnitzel Putenschnitzel oder 1 Scheibe Rinderlende!

Anbraten und Andünsten

Soll die Soße braun und schmackhaft werden, ohne das Fleisch vorher in heißem Fett anzubraten, gibt es einen **heißen Tip:**
Das Fleisch mit Kräutern und Gewürzen, Wurzelwerk und Salz, mit Wasser bedeckt, zum Kocken bringen. So lange kochen, bis die Flüssigkeit fast eingekocht ist.
Jetzt aufpassen:
Deckel entfernen und noch so lange Hitze einwirken lassen, bis sich auf dem Topfboden ein brauner Belag gebildet hat.
Nun wieder Flüssigkeit zugießen – und Sie haben eine braune Soße!

Versuchen Sie es einmal!

---

46 ③ **Gegrilltes Steak**

150 g Rinds- oder Kalbsfilet
10 g Öl
1 Pr Salz
1 Pr Paprika oder Pfeffer

Filet klopfen, würzen, mit Öl bestreichen und von beiden Seiten grillen. Zuletzt erst salzen!

E 29 g F 18 g KH 0 kcal 285 kJ 1195

***Tip:** Es muß nicht immer Filet sein!
Auch Lendenschnitten können so zubereitet werden. Jedes sichtbare Fett muß sorgfältig weggeschnitten werden.

---

④ **Steak – immer wieder anders**

- Steak mit einer halbierten Knoblauchzehe einreiben!
- oder mit Thymian oder Salbei würzen!
- mit gedünsteter Pfirsichhälfte oder Ananasscheibe garnieren!
- unter einer Soße verstecken!

Diese Geheimnisse kann man auch für Schnitzel verwenden!

47 ③ **Schmaltier, gedünstet** (sehr junges Reh)

500 g Schlegelfleisch von einem Schmaltier
$1/2$ l Buttermilch
1 Karotte
1 Lorbeerblatt
5 Gewürzkörner
$1/2$ l Wasser
20 g Mehl
30 g Johannisbeergelee
50 g saure Sahne

Wildfleisch sorgfältig häuten und 3–4 Tage in Buttermilch einlegen.
Vor dem Zusetzen gut waschen. Mit Karotte und Gewürzen in der Flüssigkeit ca. 1 Stunde langsam gar dünsten. Wenn das Fleisch weich ist, Soße durchpassieren, mit Mehl binden und mit Gelee und Sahne verfeinern.
Ergibt 4 Portionen.

1 Portion: E 22 g F 3 g KH 8 g kcal 150 kJ 630

***Tip:** Wenn übriges Fleisch eingefroren werden soll, ist es empfehlenswert, es ohne Sahne und Mehlzugabe zu tun. Nach dem Wiedererwärmen kann die Soße gebunden und abgeschmeckt werden.

48 ④ **Rehsteak „Diana“**

125 g Rehfilet
5 g Öl
1 Pr Salz
50 g Pfirsich
1 Petersiliensträußchen

Von einem gut abgehangenen Rehfilet 1 Portion abschneiden lassen.
Fleisch mit Öl bestreichen, würzen und grillen oder braten. Pfirsichhälfte am Pfannenrand mit erwärmen und zusammen mit Petersilie anrichten.

E 22 g F 6 g KH 6,5 g kcal 175 kJ 730

Für alle **Geflügelgerichte** sollte nur junges Geflügel verwendet werden: Brathähnchen, Poularde, Taube oder mageres Putenfleisch.
Stets ist es von sichtbarem Fett zu befreien. Auch Brathähnchen können gekocht oder gedünstet werden und somit die Grundlage für viele Gerichte bilden: Suppen, Hauptgerichte, Eintöpfe, Salate oder kaltes Hühnerfleisch als Brotbelag.
Zum Würzen frische oder getrocknete Kräuter, wie Thymian, Majoran, Rosmarin, Estragon und wenig milder Paprika mit etwas Salz nehmen. Beim Kochen Zitronensaft mit verwenden.

49 ④ Brathähnchen, ③ – ohne Haut zu essen!

1 Brathähnchen
1 KL Salz
1 KL milden Paprika
oder Rosmarin
1 Bund Petersilie

Brathähnchen von anhaftendem sichtbarem Fett befreien, innen und außen würzen, Petersilie hineinlegen und im Grill, Römertopf, Bratenfolie oder in einer Raine im Backofen garen.

Ergibt 2–4 Portionen,
à 200 g mit Knochen = ca. 150 g Fleisch

E 32 g F 9 g KH 0 kcal 215 kJ 900

***Tip:** Übriges Fleisch vom Knochen lösen und zu Suppe, Eintopf oder Geflügelsalat verwenden.
Das gebratene Fleisch kann nochmals eingefroren werden, wenn es nicht gleich gebraucht wird.
Statt Brathähnchen kann auch Poularde zu Geflügelgerichten genommen werden.

50 ③ Putengulasch

125 g Putenfleisch ohne Haut
1/8–1/4 l Wasser
1/4 KL Salz
1 Msp Thymian oder Estragon
20 g Tomatenmark oder Tomatenketchup
100 g Champignons oder abgezogene Tomate
10 g Mehl
5 g Butter oder Margarine

Putenfleisch in ca. 2 cm große Würfel schneiden. Mit Flüssigkeit und Gewürzen ca. 20 Minuten gar kochen. Tomatenmark oder Ketchup und Champignons oder Tomatenstücke zufügen.

Soße binden und mit Butter oder Margarine verfeinern.

E 28,6 g F 8 g KH 10 g kcal 235 kJ 980

51 ④ **Gegrilltes Putenschnitzel**

1 Putenschnitzel
= ca. 120 g
5 g Öl
1 Pr Salz
1 Pr Thymian
oder Salbei

Putenschnitzel mit Öl bestreichen und von beiden Seiten grillen oder braten.
Nachträglich mild würzen.

E 22 g F 7 g KH 0 kcal 155 kJ 650

***Tip:** Statt Putenschnitzel Kalbsschnitzel ③.
Das Schnitzel soll nicht in Mehl gewendet und in heißem Fett gebraten werden.
Es kann auch unter Zugabe von Flüssigkeit langsam gar gedünstet werden.

Fischgerichte

52 ③ **Fischröllchen**

125 g frisches
Fischfilet (Kabeljau,
Goldbarsch oder
Seezunge)
30 g Zwiebeln
3 KL Petersilie
1 EL Zitronensaft
1 KL Salz
1/8 l Wasser
1 KL Suppenwürze
1 Streifen
Pergamentpapier,
ca. 30–40 cm lang

Das frische, flache Fischfilet mit Zitronensaft beträufeln. Zwiebel und Petersilie zusammen sehr fein schneiden und auf das Fischfilet geben, salzen. Fischfilet zusammenrollen und mit dem Pergamentpapierstreifen umwickeln, damit es beim Dünsten in 1/8 l Wasser nicht auseinanderfällt. In das Wasser Suppenwürze oder Salz und 1 KL Essig geben. Ca. 30 Minuten dünsten, vor dem Servieren das Papier entfernen.

E 22 g F 0 KH 3 g kcal 105 kJ 440

***Tip:** Fischröllchen mit gedünstetem Gemüse oder 1 mageren Schinkenscheibe füllen.

53 ④ Fischfilet „Schlemmer Art"

200 g Kabeljaufilet, tiefgefroren
1 EL Zitronensaft
1 KL Salz
1 KL getrocknete oder
1 EL frische Kräuter
50 g saure Sahne
20 g Mandelblätter

Fischfilet halb auftauen, mit Zitronensaft beträufeln, salzen und würzen. In eine Auflaufform legen und im heißen Backofen bei ca. 200 Grad 20 Minuten garen.
Nach 10 Minuten saure Sahne und Mandelblätter auf das Fischfilet geben.

E 39 g F 15,8 g KH 6 g kcal 330 kJ 1380

54 ③ Fischfilet in Folie

200 g Fischfilet, frisch oder gefroren
Saft von $^1/_2$ Zitrone
1 KL Salz
10 g Öl
Kräuter und Gewürze nach Belieben
1 Blatt Alufolie

Fischfilet säubern oder antauen, mit Zitronensaft beträufeln und würzen. Alufolie mit Öl bestreichen, Fischfilet einlegen, Folie verschließen. Folie in Wasserbad oder im heißen Backofen, bei ca. 200 Grad, 20 Minuten garen lassen.
Das Gericht kann auch bei halb geöffneter Folie in einer Auflaufform liegend, gegart werden. $^1/_8$ l Wasser in die Form geben!

E 34 g F 10 g KH 0 kcal 230 kJ 960

55 ③ Fischfilet „Julienne"

200 g Fischfilet
1 KL Zitronensaft
50 g Karotten
50 g Sellerie
50 g Lauch
10 g Öl
1 KL Petersilie
1 KL Salz
1 KL Suppenwürze

Gemüse putzen und in zündholzgroße Streifen (= zu „Julienne") schneiden.
Gemüsestreifen in Öl leicht andünsten, würzen.
Fischfilet mit Zitronensaft beträufeln, salzen und zum Gemüse geben. Zusammen 20 Minuten in einer Kasserolle oder in einer Form im Backofen garen.

E 35,5 g F 10 g KH 10 g kcal 280 kJ 1170

Frühlingssuppe, Rezept 26,
Blumenkohlsuppe „Dubarry", Rezept 29,
Rote Bete-Suppe, russische Art, Rezept 28

56 ③ **Fischgulasch**

Zuerst Tomatensoße herstellen (Rezept Nr. 33 e)

200 g Kabeljaufilet, tiefgefroren
1 KL Zitronensaft
½ KL Salz

Fischfilet in 2 cm große Würfel schneiden, mit Zitronensaft beträufeln, salzen und 15 Minuten in der heißen Soße gar ziehen lassen.

E 37,2 g F 5,2 g KH 15,1 g kcal 260 kJ 1090

***Tip:** Fischgulasch vorsichtig umrühren, damit die Fischstückchen nicht zerfallen.

57 ③ **Fischauflauf mit Tomaten**

125 g Fischfilet, tiefgefroren
200 g Tomaten
1 EL Zitronensaft
1 EL frische Kräuter (Dill, Petersilie)
½ KL Salz
5 g Butter oder Margarine
50 g saure Sahne

Angetautes Fischfilet in 1 cm breite Streifen schneiden. Tomaten häuten und vierteln oder achteln. Fisch- und Tomatenstücke würzen und abwechselnd in eine gefettete Auflaufform setzen. Im heißen Backofen ca. 30 Minuten garen.
5 Minuten vor dem Servieren saure Sahne zufügen.

E 23 g F 10 g KH 6 g kcal 210 kJ 880

***Tip:** Tomaten kurz in kochendes, dann in kaltes Wasser legen, anschließend die Haut abziehen.
Auch Dosentomaten können zu diesem Rezept genommen werden.

Geschnetzeltes Kalbfleisch, Rezept 40 (s. Tip)
Grilltomaten mit Eischnee, Rezept 79 (s. Tip)
Reis, Rezept 72

58 ④ Pichelsteiner

125 g Rindfleisch
50 g Karotten
50 g Lauch
50 g Sellerie
50 g grüne Bohnen
120 g Kartoffeln
½ l Wasser
½ KL Salz
1 KL Petersilie

Rindfleisch in 2 cm große Würfel schneiden, in kochendes Salzwasser geben.
Gemüsesorten putzen, waschen, beliebig zerkleinern und lagenweise auf das Fleisch schichten. Oberste Lage: Kartoffeln. Kochen lassen, bis alle Sorten gar sind, evtl. nachwürzen und mit gehackter Petersilie bestreuen.

E 27 g F 13 g KH 36 g kcal 380 kJ 1590

***Tip:** Statt frischen Gemüsesorten ist Tiefkühlgemüse sehr gut geeignet. Es sollte erst zugegeben werden, wenn das Fleisch fast gar ist.

59 ③ Hühnertopf

100 g gekochtes Hühnerfleisch, ohne Haut
¼ l entfettete Hühnerbrühe
40 g Suppennudeln
½ Paket tiefgefrorenes Suppengemüse = 150 g verschiedenes Gemüse
½ KL Salz
1 KL Petersilie

Gekochtes Hühnerfleisch von sichtbarem Fett und Haut befreien!
Nudeln und Gemüse in der Brühe gar kochen. Fleisch beliebig klein schneiden, zur Suppe geben und diese zuletzt würzen.
Mit Petersilie bestreuen.
Dasselbe Rezept können Sie auch mit magerem Suppenfleisch (Rindfleisch) herstellen.

E 32 g F 5 g KH 30 g kcal 300 kJ 1250

***Tip:** Poularden sind Suppenhühnern vorzuziehen. Das Fleisch ist besonders weich und saftig und enthält weniger Fett.

60 ④ Das schnelle Menü in der Teflonpfanne

100 g sehr mageren, rohen Schinken
100 g Tomate
100 g Zucchini
30 g Zwiebeln
150 g Kartoffeln
5 g Öl
1/2 KL Salz
1 Pr Pfeffer, Paprika und Kümmel
1 KL Kräuter
1/8 l Wasser

Gemüse waschen, Tomate halbieren, Zucchini in 2 cm dicke Scheiben, Kartoffeln in 2 cm große Würfel, schneiden. Alle Zutaten in eine große, gefettete Teflonpfanne legen, würzen und zugedeckt 15–20 Minuten schmoren lassen. Damit es nicht anbrennen kann, evtl. mehr Flüssigkeit nachgießen.

E 23 g F 27 g KH 36 g kcal 495 kJ 2070

***Tip:** Kräuter können frisch oder getrocknet verwendet werden, frische Kräuter sollte man erst nach dem Kochen zugeben, während getrocknete Kräuter wie Gewürze vorher zugegeben werden sollten!

Wenn Sie grüne Bohnen vertragen:

61 ④ Bohnenkasserolle mit Rindfleisch

125 g Rindfleisch
50 g Zwiebeln
150 g junge, grüne Bohnen, frisch oder tiefgefroren
20 g Tomatenmark oder 50 g Tomatenketchup
150 g Kartoffeln
1 KL Salz
1 Pr Pfeffer
1/2 KL Bohnenkraut
1/4 l Wasser

Rindfleisch in 2 cm große Stücke schneiden, Zwiebel fein hakken und zusammen mit Wasser und den Gewürzen 1 Stunde kochen lassen, evtl. mehr Flüssigkeit zugießen.

Kartoffeln schälen und in 2 cm große Würfel schneiden. Bohnen putzen oder tiefgefrorene auftauen, zum Fleisch geben und zusammen noch 30 Minuten gar kochen.

E 28 g F 13 g KH 40 g kcal 400 kJ 1670

62 ④ Schaumomelette mit Spargel oder Champignon

2 Eigelb
10 g Mehl
1 Pr Salz
1 Pr Muskat
2 Eischnee
10 g Butter oder Margarine
100 g Spargel oder Champignons
1 KL gehackte Petersilie

Gemüse aus der Dose abseihen, beliebig zerschneiden und mit wenig Fett und Petersilie 5 Minuten dünsten.

Eigelb mit Mehl, Salz und Muskat mischen, Eischnee unterziehen. Masse in heiße, gefettete Teflonpfanne füllen und zugedeckt 5 Minuten garen. Vorbereitetes Gemüse auf die helle Oberseite verteilen, Omelette vom Rand her in die Hälfte umklappen und auf einen Teller gleiten lassen.

E 17 g F 13 g KH 12 g kcal 240 kJ 1000

63 ④ Verlorene Eier

2 Eier
1/2 l Wasser
1 EL Essig
1 KL Salz

Ein aufgeschlagenes Ei mit Hilfe einer Tasse oder einem Schöpflöffel in das kochende Salz-Essig-Wasser gleiten lassen, das zweite Ei gleich anschließend zugeben. 3 Minuten kochen lassen und mit einem Seihlöffel herausheben.

E 14,9 g F 12 g KH 0 kcal 170 kJ 710

***Tip:** Dazu paßt Tomaten- oder Senfsoße, Reis und Salat, oder man legt die Eier auf Toast als kleines Anbendessen.

64 ④ Gemüsespießchen

50 g Auberginen
50 g Tomaten
50 g Zwiebeln
50 g Zucchini
1 KL gemischte Kräuter: Salbei, Thymian, Oregano
10 g Öl
$^1/_4$ KL Salz

Gemüse putzen und in 1 cm dicke Scheiben oder Stücke schneiden. Abwechselnd auf ein Metall- oder Holzspießchen stecken, würzen und mit Öl bestreichen. Im heißen Backofen oder unter dem Grill oder zugedeckt in einer Teflonpfanne garen. Wenn nötig, vorsichtig wenden und $^1/_8$ l Flüssigkeit angießen.

E 2 g F 10 g KH 10,5 g kcal 145 kJ 600

***Tip:** Falls keine Spießchen vorhanden sind, können diese Gemüsesorten zusammen mit $^1/_8$ l Flüssigkeit gedünstet werden.
Diese Gemüsezusammenstellung heißt in Spanien **Ratatouil.** Das Gericht wird dort mit sehr viel Olivenöl zubereitet.

65 ④ Kuchenmichel

25 g Mehl
2 EL Wasser
$^1/_8$ l Milch
1 Pr Salz
1 Ei
5 g Butter oder Margarine

Mehl mit Wasser, Milch und Salz verrühren, Ei zugeben.
Teig in ein gefettetes Auflaufförmchen füllen, so daß dieses nur $^1/_3$ hoch gefüllt ist, da der Kuchenmichel beim Backen bei 200 Grad nach ca. 15 Minuten sehr hoch wird.
Sofort servieren!

E 14,4 g F 16 g KH 24 g kcal 300 kJ 1260

***Tip:** Kuchenmichel kann zu Gemüse oder Fleisch oder zu Salaten gegessen werden.
Ebenso gut paßt Kompott oder Obst dazu.

66 ③ Eierstich

1 Ei
50 g Milch
1 Pr Salz
5 g Butter oder Margarine

Ei aufschlagen und mit Milch und Salz verrühren.
Eine Tasse oder ein Förmchen fetten, Eiermilch eingießen. Im kochenden Wasserbad oder zugedeckt im Backofen bei mäßiger Hitze (150 Grad) garen lassen, bis der Eierstich fest geworden ist. Erkaltet in beliebige Stücke schneiden.

E 8,5 g F 11,7 g KH 2,5 g KH 2,5 g kcal 155 kJ 650

***Tip:** Eierstich als Suppeneinlage, oder
warm als Hauptgericht mit Gemüse, oder
kalt auch als Brotbelag, oder
zur kalten Platte!

67 ③ Apfelbettelmann

1 altbackenes Brötchen
100 g Apfel
20 g Rosinen
geriebene Zitronenschale
1/8 l Milch
1 Eigelb
5 g Butter oder Margarine

Brötchen in dünne Scheiben schneiden. Apfel schälen und ebenfalls fein schneiden. Zusammen mit Rosinen in eine gefettete Auflaufform schichten und mit Eiermilch übergießen. Im heißen Backofen (ca. 200 Grad) 15 Minuten backen.

E 12 g F 15 g KH 60 g kcal 435 kJ 1820

Apfelbettelmann heißt auch: Scheiterhaufen oder Ofenschlupf!

68 ③ Salzkartoffeln, Pellkartoffeln und Kartoffelschnee

aus 150 g Kartoffeln
E 3 g F 0 KH 29 g kcal 130 kJ 540

aus 200 g Kartoffeln
E 4 g F 0 KH 38 g kcal 170 kJ 710

***Tip:** Kartoffeln immer frisch zubereiten.
Salzkartoffeln schmecken besonders gut, wenn man eine Zehe Knoblauch mitkocht.

Zu meiden sind:
Bratkartoffeln, Röstkartoffeln, Pommes frites und Chips, sowie Kartoffelsalat.

69 ③ Kartoffeln in Folie gegart

Kartoffeln sehr gut waschen und einzeln in Alufolie wickeln. Im heißen Backofen (ca. 200 Grad) $^3/_4$–1 Stunde backen.
Vor dem Servieren Folie oben etwas öffnen.

***Tip:** Wichtig ist, daß die Kartoffeln gleich groß sind, damit sie gleichzeitig gar werden.
Garprobe mit einem Zahnstocher machen.

70 ③ **Kartoffelbrei**

150 g Kartoffeln
60 g Milch
5 g Butter
1 Pr Salz

Gekochte Kartoffeln heiß passieren, mit heißer Milch, Salz und Butter verrühren.

E 5 g F 6 g KH 32 g kcal 210 kJ 880

***Tip:** Soll der Kartoffelbrei fettfrei sein, so nehme man Magermilch und keine Butter oder Margarine!
Kartoffelbrei kann auch aus fertigen Püreeflocken zubereitet werden.

④ für
Herzogin-Kartoffeln, erkalteten Kartoffelbrei auf Alufolie spritzen und im heißen Ofen überbacken.

71 ④ **Kartoffel-Soufflé**

200 g Kartoffelbrei (= 1 Portion)
1 Eigelb
1 Eischnee
1 Pr Salz
1 Pr Muskat
10 g Butter oder Margarine
20 g Reibkäse

Kartoffelbrei mit Eigelb, Salz, Muskat und der Hälfte des Reibkäses vermischen. Eischnee unterziehen.
Eine kleine Auflaufform gut fetten, Masse einfüllen, mit restlichem Reibkäse und Butterstückchen bedecken. Im Ofen bei 200 Grad 15 Minuten backen.

E 17 g F 22 g KH 32 g kcal 405 kJ 1690

***Tip:** Sie können das Rezept auch **ohne Eigelb** herstellen, evtl. dafür 2 Eischnee unterziehen.

Beilagen aus Reis und Nudeln

Reis ist das älteste Getreide der Welt!
Bekannt war Reis schon 3000 Jahre vor Christus in China. Man verwendete damals bereits mehrere Sorten.
Wer einmal nach Kalkutta kommt, kann dort in einem Reismuseum 2000 verschiedene Sorten bestaunen.

Langkornreis kocht sich trocken, körnig und schneeweiß.

Rundkornreis bekannt als Milchreis, gibt sehr viel Stärke beim Kochen ab, wird sehr weich und eignet sich daher besonders gut, wenn strenge diätetische Maßnahmen erforderlich sind.

---

72 ③ Reis als Beilage

60–80 g Reis
1/2 l Wasser
1 KL Salz
5 g Butter oder Margarine

Reis in 1/2 l kochendem Salzwasser weichkochen – je weicher, desto bekömmlicher. Reis abseihen, mit kaltem Wasser übergießen und mit Butter oder Margarine erwärmen.
Oder: Kochbeutelreis nach Vorschrift zubereiten!

E 5 g F 5 g KH 63 g kcal 325 kJ 1360

***Tip:** Reis mit Petersilie oder Reibkäse oder Tomatenmark würzen.

---

73 ④ Gemüsereis – Risotto – Risi-Pisi

60 g Reis
150 g Mischgemüse
10 g Zwiebeln
10 g Öl
150 g Wasser oder entfettete Brühe
1 Pr Salz

Reis mit fein geschnittener Zwiebel in Öl andünsten, Flüssigkeit zugeben, würzen und 20 Minuten quellen lassen, bis er gar ist. Mischgemüse zugeben und Reis damit gut vermengen.

E 5 g F 10 g KH 58 g kcal 350 kJ 1465

***Tip:** Wird **frisches Gemüse** verwendet, so kann man dieses mit andünsten und so gleichzeitig mit dem Reis garen.
Risi-Pisi ist die Abkürzung für: riso con piselli (Reis mit Erbsen)!

74 **③ Nudeln als Beilage**

60–80 g Nudeln
½ l Wasser
1 KL Salz
10 g Butter oder Margarine
1 Pr Salz

Nudeln in kochendem Salzwasser 15–25 Minuten weichkochen, abseihen, mit kaltem Wasser übergießen und mit Butter oder Margarine wieder erwärmen.

E 10 g F 10 g KH 57 g kcal 370 kJ 1550

***Tip:** Wenn Sie kalte Nudeln wieder erwärmen wollen, können Sie 1–2 EL Wasser vor der Fettzugabe in die Pfanne geben, um so mit geringster Fettmenge auszukommen.

Gemüsebeilagen

Die Gemüseauswahl sollte nach eigener Verträglichkeit und selbstverständlich ärztlichen Anordnungen entsprechend, getroffen werden.
Abzuraten ist von allen harten, zellulosereichen und alten Gemüsesorten, die meist mit viel Fett zubereitet werden, um schmackhaft zu bleiben, z. B. Kohl und Kraut.
Gemüse frisch, tiefgefroren oder aus Dosen und Gläsern sollten immer erst nach dem Kochen mit wenig Butter, Margarine oder Öl verfeinert werden.

Wenn Sie gebundenes Gemüse bevorzugen, gibt es folgende Ratschläge:

Gemüse stauben: mit Mehl, Kartoffel- oder Haferschmelzflokken. Das Bindemittel trocken, wie Salz über das gare Gemüse streuen, einrühren und kräftig durchkochen lassen.

Gemüse binden: Mehl oder Stärkemehl mit etwas Flüssigkeit zu einem „Teiglein" rühren und dieses einlaufen lassen. Gemüse damit nochmals aufkochen.

75 ③ **Gelbe Rüben** (Karotten, Möhren, Mohrrüben oder Wurzeln)

150–200 g gelbe Rüben
1/8–1/4 l Wasser oder entfettete Brühe
1 Pr Salz
5 g Mehl
5 g Butter oder Margarine

Gelbe Rüben schälen, beliebig in Scheiben, Würfel oder Stangen schneiden. In der Flüssigkeit dünsten, bis sie weich sind. Mit Mehl stauben und zuletzt Butter oder Margarine zufügen.

E 3 g F 4 g KH 18 g kcal 125 kJ 520

***Tip:** Verfeinern können Sie die gelben Rüben mit 1 Pr gemahlenem Kümmel, 1 KL Fondor und einem KL gehackter Petersilie.

76 ③ **Schwarzwurzelgemüse**

150 g Schwarzwurzeln
1/4 l Wasser oder entfettete Brühe
10 g Mehl
1 Pr Salz
1 KL Zitronensaft
1 Pr Muskat
1 Pr Zucker
5 g Butter oder
25 g saure Sahne

Schwarzwurzeln aus der Dose abseihen. (Frische, geschälte Schwarzwurzeln weichkochen.) Flüssigkeit mit Mehl verrühren, 10 Minuten kochen lassen, pikant würzen und die Schwarzwurzeln in der Soße erhitzen. Zuletzt mit Butter oder saurer Sahne verfeinern.

E 3 g F 4 g KH 29 g kcal 170 kJ 710

***Tip:** Ebenso können Sie **Spargel, Blumenkohl** oder **Fenchelgemüse** zubereiten. Nach Belieben mit Kräutern (Petersilie, Thymian, Salbei oder Estragon) würzen!

77 ④ **Kohlrabi-Möhrengemüse**

100 g Kohlrabi
100 g Möhren
20 g Zwiebeln
1/4 l Wasser
1 Pr Salz
1 Pr Muskat
1 Pr Bohnenkraut
5 g Öl

Kohlrabi und Möhren putzen und in Stifte schneiden. Zwiebeln in kleine Würfel schneiden. Zusammen mit den Gewürzen in Wasser weichdünsten, dabei die Flüssigkeit weitgehendst einkochen lassen. Vor dem Servieren das Öl zugeben.

E 3 g F 5 g KH 11 g kcal 105 kJ 440

78 | ③ **Geschmorte Zucchinischeiben**

200 g Zucchini
10 g Öl
1 Pr Salz
1 Pr Thymian
oder Salbeipulver
1–2 EL Wasser

Zucchini waschen und in 2 cm dicke Scheiben schneiden, würzen und in Öl mit Wasser gemischt schmoren, bis sie weich sind und das Wasser fast verkocht ist.

E 2 g F 10 g KH 2 g kcal 110 kJ 460

***Tip:** Man kann auch geschälte Tomatenecken mitschmoren.

79 | ④ **Grilltomaten**

200 g Tomaten
1 Pr Salz
1 Pr Fondor
1 Pr Thymian
oder Rosmarin

Tomaten waschen, oben kreuzweise ca. 2 cm tief einschneiden. Würzen, unter dem Grill oder im heißen Backofen 5–10 Minuten garen.

E 2 g F 0 KH 6 g kcal 35 kJ 150

***Tip:** Grilltomaten vor dem Grillen mit Reibkäse bestreuen oder mit einer kleinen Käsescheibe belegen!
oder:
Halbierte Tomaten auf der Schnittfläche mit Eischnee und Reibkäse bedecken und kurz unter dem Grill oder im heißen Ofen überbacken.
③ Die Tomaten ohne Haut essen!

Kohlgemüse?

Die alten Römer sagten:
Kohlgenuß bewahre den Menschen vor Trunkenheit!
Kohl und Kraut sind in den meisten Zubereitungsformen schwer verdauliche Gemüse.
Dazu gehören besonders deftiger Rotkohl und fettes Sauerkraut.
Junger Kohlrabi oder **Blumenkohl** hingegen, werden meist, in gedünsteter Form, gut vertragen.

80 ④ Gedünsteter Chicorée oder Chinakohl

200 g Chicorée
oder Chinakohl
10 g Öl
1/8 l entfettete Brühe
1 Pr Salz
1 Pr Muskat
1 Pr Suppenwürze
20 g Reibkäse
oder
1/2 hartgekochtes Ei

Gemüse putzen und in ca. 3 cm große Stücke schneiden. Zusammen mit Öl, Flüssigkeit und den Gewürzen ca. 10 Minuten dünsten.
Vor dem Servieren Reibkäse oder gehacktes halbes Ei darüberstreuen. Nicht mehr kochen lassen!

E 5 g   F 14 g   KH 4 g   kcal 170   kJ 710

***Tip:** Nach diesem Rezept kann auch **Blattspinat** oder **Kopfsalat** gekocht werden!

81 ④ Auberginen-Gurken-Gemüse

100 g Auberginen
100 g Gurken
10 g Öl
20 g Zwiebeln
20 g Tomatenmark
1 Pr Salz
1/4 KL Thymian
1 Pr Peffer

Auberginen und Gurken waschen und mit der Schale in 2 cm große Würfel schneiden. Zusammen mit fein geschnittener Zwiebel in Öl anschmoren, würzen, Tomatenmark zugeben und 10 Minuten gar schmoren lassen.

E 1 g   F 10 g   KH 9,8 g   kcal 140   kJ 580

***Tip:** Statt Gurkenwürfel Zucchini oder Tomatenwürfel!

82 ④ Spargel

200 g Spargel, frisch
oder aus Dosen
1 Pr Salz
10 g Butter oder
Margarine
1 KL Petersilie

Frischen Spargel schälen und in 1 l Wasser mit 1 KL Salz gar kochen.
Oder
Dosenspargel erwärmen.
Mit zerlassener Butter oder Margarine begießen und mit Petersilie bestreuen.

E 5 g   F 8 g   KH 6 g   kcal 120   kJ 500

***Tip:** Besonders bei Spargel ist hochwertige Ware zu bevorzugen.
Für Stufe ③ und ② nur die Köpfe nehmen.

③ **Gekochte Zwiebeln,** besonders, wenn sie in Ringe geschnitten wurden, sind in der Diät erlaubt. Sie verfeinern Gemüse- und Fleischspeisen.

④ **Würfelig geschnittene Zwiebeln** sollte man kurz überbrühen, um sie bekömmlicher zu machen.

④ **Roh geriebene Zwiebeln** oder Zwiebelsaft kann Quarkspeisen oder Salate verzaubern.

Merke:

Rohe und gebratene Zwiebeln sind schlecht verträglich.
Gekochte Zwiebeln werden in den meisten Fällen – mit einigen Ausnahmen – gut vertragen.

Süßspeisen/Dessert

Süßspeisen und Desserts sollten so wenig wie möglich gezuckert werden. Vgl. Vorwort Seite 16.
Neben dem natürlichen Zuckergehalt des Obstes hilft Honig und Malz, in kleinsten Mengen zugegeben, den Geschmack zu versüßen.
Ebenso kann reiner Süßstoff verwendet werden.
Stufe ③ sollte Zuckerzugaben vermeiden, während für die Dauerkost in Stufe ④ 5–10 g pro Portion Dessert geeignet sind.

---

83 ③ **Obst-Reis**

---

100 g gekochter Reis = 30 g roh
100 g gekochtes Obst
1 KL Zitronensaft
Zitronenschale
evtl. 1–2 EL Obstsaft

Gekochten Reis mit klein geschnittenen Früchten mischen und mit Zitronensaft und -schale abschmecken. Wenn nötig, mit etwas Flüssigkeit saftiger machen.

E 3 g F 0,3 g KH 61 g kcal 265 kJ 1110

***Tip:** Für Stufe ④ kann der Obstreis mit frischen Früchten und etwas Zucker zubereitet werden.

84 ③ Quarkcreme mit Aprikosensoße

100 g Magerquark
50 g Milch
10 g Zucker
geriebene Schale von 1/8 Orange
150 g Aprikosenkompott

Magerquark mit Milch, Zucker und geriebener Orangenschale cremig rühren und in eine Dessertschale füllen.
Aprikosenkompott durch ein Sieb streichen oder im Mixer zu Mus bereiten.
Als obere Lage auf die Quarkcreme geben.

E 18 g F 2 g KH 51 g kcal 300 kJ 1260

85 ④ Weincreme

1 Eigelb
10 g Zucker
10 g Speisestärke
1/8 l Weißwein
Saft und Schale von 1/4 Zitrone
1 Eischnee

Eigelb mit Zucker und Speisestärke verrühren. Wein zugeben und bis zum Kochpunkt unter Rühren erhitzen. Steifen Eischnee unter die etwas abgekühlte Creme heben.

E 7 g F 6 g KH 25 g kcal 190 kJ 790

***Tip:** Durch Erhöhen der Flüssigkeit, evtl. auch mit Apfelsaft kann aus dem Rezept eine **Weinschaumsoße** hergestellt werden.

Kompott ist jederzeit ein willkommenes Dessert oder eine gute Zwischenmahlzeit.

Es kann aus frischem, tiefgefrorenem oder getrocknetem Obst hergestellt werden.

Fertig gekaufte Obstkonserven enthalten meist viel Zucker.

86	③	**Apfel-, Birnen-, Aprikosen-, Kirsch-, Pfirsich-** oder **Heidelbeerkompott**

100–200 g Obst
1/8–1/4 l Wasser
1 KL Zitronensaft
Zitronenschale
oder
1/8 Zimtstange oder
1 Gewürznelke

Obst von Schalen und Kernen befreien und mit den Gewürzen nach Wahl weichkochen. Zuletzt Zitronensaft zugeben, wenn nötig, mit Süßstoff süßen.

E 0 F 0 KH 20 g kcal 80 kJ 340

*Tip: **Pfirsichkompott mit Melonenstückchen** einer reifen Zucker- oder Honigmelone mischen, mit 1 KL Rosenwasser verfeinern, ca. 1 Stunde einziehen lassen.

87	③	**Gefüllte Banane**

1 Banane
50 g Schlagsahne
1 KL Zitronensaft
2–3 Kompottkirschen
oder
1 KL rote Marmelade

Gewaschene Banane mit der Schale der Länge nach halbieren. Fruchtfleisch mit einem Kaffeelöffel herausschaben und mit steif geschlagener Sahne und Zitronensaft mischen. Masse bergartig in die Schalen einfüllen und mit Kompottkirschen oder roter Marmelade garnieren.

Ergibt 2 Portionen.
1 Portion: E 1 g F 7,5 g KH 11 g kcal 120 kJ 500

Gelatine ist ein kohlenhydratfreies, sehr bekömmliches Bindemittel für süße (und salzige) Speisen. – Gelatineblätter lassen sich einzeln gut für kleine Portionen verwenden.
Die Blätter immer zuerst in 1/4 l **kaltem** Wasser einweichen, ca. 2–3 Minuten, bis sie sich ganz weich anfühlen.
Gelatineblätter dann erst aus dem Wasser heben und in einer Tasse, die in ein Wasserbad gestellt wird, auflösen, um sie in flüssiger Form an eine kalte Speise zu geben.
An heiße Speisen können die eingeweichten Blätter unaufgelöst gegeben werden. Die Speise wird fest, wenn sie erkaltet ist.
Eischnee oder Sahne kann erst an die Speise gegeben werden, wenn diese zu stocken beginnt, da sie sich sonst absetzen würde.
Niemals sollte eine Flüssigkeit mit Gelatine gekocht werden!

Kaltes Roastbeef (kalter Braten),
Meerrettich, gefüllte Tomate, Rezept 110,
Kräuterquark, Rezept 104 a, Kümmelstangen, Rezept 95

88 ③ Feine Fruchtcreme

125 g passierte Früchte
= $^{1}/_{8}$ l Fruchtmark
1 KL Zitronensaft
Süßstoff nach Geschmack
oder 10 g Zucker
2 Blatt Gelatine
1 Eischnee
30 g Schlagsahne

Fruchtmark mit Zitronensaft und Süßstoff oder Zucker, sowie der aufgelösten Gelatine mischen. Im Kühlschrank fest werden lassen, dann Eischnee und Schlagsahne unterziehen.

E 6 g F 9 g KH 35 g kcal 250 kJ 1050

***Tip:** Besonders gut eignen sich:
Passierte **Erdbeeren, Himbeeren, Bananen, Aprikosen, Orangen,** frisch, oder tiefgefroren oder als passiertes Kompott.
Zum Kaloriensparen kann die Creme auch ohne Schlagsahne hergestellt werden.
Bei Bananen ist 1 Blatt Gelatine für dieses Rezept ausreichend.
Für **Schokoladen- oder Mocca-Creme:**
Statt Fruchtmark $^{1}/_{8}$ l Milch mit 1 KL Kakao oder Nescafé nach diesem Rezept zubereiten.

89 ④ Reis Trauttmannsdorff

60 g Milchreis
$^{1}/_{4}$ l Milch
Zitronenschale von $^{1}/_{8}$ Zitrone
1 Pr Salz
50 g Schlagsahne
Süßstoff nach Geschmack
1 Blatt Gelatine
1 Portion Kompott

Reis in heißer Milch mit Zitronenschale und Salz quellen lassen, bis er weich ist. Zitronenschale entfernen und den Milchreis erkalten lassen.
Steif geschlagene Sahne mit aufgelöster Gelatine mischen und unter den erkalteten Milchreis rühren und mit Süßstoff abschmecken. In einem Förmchen oder in einer Tasse im Kühlschrank fest werden lassen.
Stürzen und mit Kompott servieren.

E 13 g F 24 g KH 61 g kcal 530 kJ 2200

***Tip:** Die Portion ist reichlich und eignet sich als Hauptgericht. Für Dessert oder als Zwischenmahlzeit ist die Hälfte ausreichend.

Fischfilet „Schlemmer Art", Rezept 53,
Herzogin-Kartoffeln, Rezept 70 (s. Tip),
Endiviensalat mit Mandarinen, Rezept 98 (s. Tip)

90 ③ Himbeerjoghurtcreme

150 g Magermilchjoghurt
100 g Himbeeren
1 Blatt rote Gelatine
aufgelöster Süßstoff nach Geschmack
1 Eischnee

Magermilchjoghurt mit Himbeeren und Süßstoff mischen. Gelatineblatt in 1/4 l kaltem Wasser einweichen, Wasser abgießen und das weiche Blatt in einer Tasse im Wasserbad auflösen. 1–2 EL Joghurt unterrühren, dann die Gelatinemasse an die Creme geben. Speise kalt stellen, bis sie fest geworden ist. Zuletzt 1 Eischnee unterheben.

E 13 g F 0 KH 17 g kcal 125 kJ 520

Backwerk

- Brot und Kuchen sind bekömmlicher, wenn sie erst 1–2 Tage nach dem Backen gegessen werden.
- Süße und sehr fetthaltige Gebäcke sind nicht empfehlenswert, dazu gehören Nuß-, Mohn- und Schmalzgebäcke, sowie Torten und Kuchen mit dickem Zuckerüberzug.
- Rührkuchen, Biskuitgebäcke, einfache Keks und leichte Hefegebäcke können bei Zuckerverträglichkeit in kleinen Mengen gegessen werden, wenn sie nicht ofenfrisch sind.
- Empfehlenswert ist es, Bleche mit Alufolie oder Backpapier auszulegen. Besonders Kleingebäck löst sich von selbst, wenn es erkaltet ist. Das Papier muß nicht gefettet werden.

91 ③ Buttermilchbrot

600 g Weizenmehl, Typ 1050
125 g Magerquark
1/2 l Buttermilch
20 g Frischhefe
2 KL Salz
1 KL gemahlene Gewürze (Kümmel, Fenchel, Koriander)

Hefe in Buttermilch auflösen. Alle Zutaten zu einem festen Teig verkneten. Ein längliches Brot daraus formen und auf ein mit Alufolie bedecktes Kuchenblech legen.
Vor dem Backen soll das Brot ca. 1 Stunde an einem warmen Ort stehen, damit es aufgehen kann. 45 Minuten bei Mittelhitze (ca. 170 Grad) backen.
Ergibt 25 Scheiben.

1 Scheibe: 5 g F 0,5 g KH 20 g kcal 105 kJ 440

***Tip:** Das Brot bleibt lange frisch, wenn es nach dem Erkalten in einer Plastiktüte im Kühlschrank aufbewahrt wird.

92

③ Frau Pastor's Topfenstolle

250 g Topfen
= Magerquark
1 Backpulver
50 g Zucker
250 g Mehl
125 g gekochte Kartoffeln

Gekochte Kartoffeln reiben. Alle Zutaten zusammen zu einem Teig kneten.
Einen Stollen formen und auf einem Blech, das mit Alufolie belegt ist, 45 Minuten bei mittlerer Hitze (ca. 175 Grad) backen.
Ergibt 12 Stück.

1 Stück: E 6 g F 0,4 g KH 32 g kcal 160 kJ 670

93

③ Butter-Kekse – selbst gemacht!

50 g Butter
2 Eier
120 g Puderzucker
250 g Mehl
1 KL Backpulver
125 g Kartoffelmehl

Butter, Zucker und Eier zusammen schaumig rühren, mit Mehl, Kartoffelmehl und Backpulver zu einem Teig verkneten. Diesen ca. 1 Stunde lang kalt stellen. Teig ausrollen, Kekse ausstechen, bei mäßiger Hitze (ca. 150–170 Grad) ca. 15 Minuten backen.
Ergibt ca. 60 Stück.

1 Stück: E 1 g F 1 g KH 6 g kcal 40 kJ 170

***Tip:** Die Kekse sind lange haltbar!

94

Quark-Ölteig

75 g Magerquark
50 g Öl
50 g Milch
1 Pr Salz
Süßstoff nach Geschmack
150 g Mehl
1 KL Backpulver

Quark mit Milch, Öl, Salz und Süßstoff verrühren. Mehl mit Backpulver sieben und zugeben, Teig rasch zusammenkneten.
9 Gebäckstücke daraus formen. Kuchenblech mit Alufolie belegen und die Stücke darauf im Backofen bei guter Hitze (ca. 200 Grad) 15–20 Minuten backen.
Ergibt 9 Stück.

1 Stück: E 3,5 g F 7 g KH 12 g kcal 130 kJ 540

***Tip:** Für Stufe ④ kann 20–50 g Zucker an den Teig gegeben werden.

Was man aus Quark-Ölteig backen kann:

③ **süße** oder **salzige Brötchen** oder **Brezeln,** wobei man beliebig mit Kräutern würzen oder zuletzt 1–2 EL Hüttenkäse unter den Teig kneten kann,

③ einen **Zopf** oder **Wecken** als Brot für das Sonntagsfrühstück,

④ **Hörnchen** oder **gefüllte Taschen** mit Obst- oder Quarkfülle,

④ **Blechkuchen** mit Quarkaufstrich oder Obstbelag, z. B. Apfel Aprikosen, Kirschen, Pfirsich.

④ Diese Gebäcke können auch aus **Hefeteig** hergestellt werden Sie sollten **nicht ofenfrisch** gegessen werden.

---

95 ③ **Kümmel- und Salzstangen**

1mal Rezept
Quark-Ölteig oder
1 Paket Tiefkühl-Blätterteig
1 Eigelb oder
1 Eiweiß
1 KL Kümmel
1 KL Salz

Teig sehr dünn ausrollen (2–3 mm) und mit Ei bestreichen. Mit Salz und Kümmel bestreuen und in ca. 2 cm breite und 10 cm lange Stangen schneiden. Auf ein mit Alufolie belegtes Blech legen und im Ofen bei guter Hitze (ca. 200 Grad) 5–7 Minuten backen.
Ergibt ca. 40 Stück.

1 Stück: E 0,8 g F 1,3 g KH 2,8 g kcal 30 kJ 120

***Tip:** Für Stufe ④ können die Stangen auch mit Mohn oder Reibkäse bestreut werden.
Für schöneres Aussehen kann man die Stangen leicht gedreht auf das Blech legen.

96 ④ Rührkuchen

200 g Butter oder Margarine
4 Eier
200 g Zucker
geriebene Schale von 1/2 Zitrone
400 g Mehl
1 Backpulver

Butter oder Margarine mit Zucker und den Eiern schaumig rühren. Zitronenschale und Mehl, gesiebt mit Backpulver unterrühren.
Eine Kasten- oder Napfkuchenform gut fetten und mit Mehl oder Semmelbrösel ausstreuen. Teig 3/4 hoch einfüllen. Bei Mittelhitze (ca. 175 Grad) 60–70 Minuten backen.
Ergibt 20 Stück.

1 Stück: E 4 g F 10 g KH 24 g kcal 210 kJ 880

***Tip:** Sind die Eier sehr klein, können Sie 2–3 EL Milch an den Kuchenteig geben.

96 a **Marmorkuchen:** Die Hälfte des Teiges mit 30 g Kakaopulver mischen.

96 b **Zitronenkuchen:** Saft von 1–2 Zitronen und Schale von 1 Zitrone in den Teig reiben.

97 ③ Biskuit

4 Eigelb
4 EL Wasser
50 g Zucker
4 Eischnee
50 g Zucker
50 g Mehl
50 g Speisestärke
1 KL Vanillezucker
geriebene Zitronenschale
evtl. 1 KL Backpulver

Eigelb mit Wasser und Zucker schaumig rühren, bis die Masse cremig-dick wird. Eischnee mit Zucker vermischen und auf die Eigelbcreme geben. Mehl mit Stärke, Backpulver und Vanillezucker aufsieben, Zitronenschale zugeben und alles zusammen mischen.
Biskuitmasse in gefettete Form füllen und bei ca. 200 Grad 30–40 Minuten backen.
Ergibt 10 Stück.

1 Stück: E 3,3 g F 2,4 g KH 19 g kcal 115 kJ 480

***Tip:** Den Teig mit Orangensaft und -schale oder mit 1 EL Anis oder mit 40 g Kakaopulver geschmacklich verändern.

Was man daraus machen kann:

97 a ③ **Kastenkuchen**

Teig in eine gefettete Kastenform $^{3}/_{4}$ hoch einfüllen und backen.

97 b ③ **Zwieback** (sehr lange haltbar)

Fertig gebackenen erkalteten Kastenkuchen in Stücke schneiden und diese im Ofen bei schwacher Hitze (100–150 Grad) ca. 20 Minuten auf einem Rost nachbacken = bähen, bis sie hart, aber nicht dunkel geworden sind.

97 c ④ **Apfel- oder Aprikosenbiskuit**

Teig mit Apfel- oder Aprikosenschnitzen von ca. 500 g Früchten mischen und in einer Springform backen.

Rohkost/Salate

98 ③ Grüner Salat

50 g Kopfsalat, Feldsalat, Eissalat ③, Chinakohlsalat oder junge Spinatblätter ④, junger Endivien ④.

Salatsoße:
1 KL Zitronensaft
1 Pr Salz
1 Pr Zucker
1 KL Apfeldicksaft
nach Belieben:
1 KL gehackte Kräuter
5 g Öl

Salat putzen, waschen und zerkleinern.
Salatsoße herstellen und Salatblätter darin wenden.

E 1 g F 5 g KH 3 g kcal 65 kJ 270

***Tip:** Zur Abwechslung statt Öl 30 g saure Sahne oder 50 g Joghurt an die Salatsoße geben!

für Stufe ④
Nach Belieben Fruchtstückchen an den Salat geben, wie z. B. Apfel- oder Mandarinenfilets.

99 ③ Karottenrohkost

100 g Karotten
50 g Apfel
50 g Joghurt
1 KL Zitronensaft
1 Pr Zucker
evtl. 1 KL Apfeldicksaft

Karotten schälen und sehr fein reiben. Joghurt, Zitronensaft und Zucker zur geriebenen Karotte geben. Zuletzt Apfel hineinreiben, damit dieser nicht braun wird.

E 3 g F 1,5 g KH 20 g kcal 110 kJ 460

***Tip:** Junge Kohlrabi, Rettich oder frischer Sellerie lassen sich ebenso zu Rohkost verarbeiten.
Zum Würzen eignen sich Kräuter oder verschiedene Fruchtstückchen oder Orangensaft.

Harte Gemüsesorten sollten immer sehr fein gerieben werden!

100 ③ Zucchini-Bananen-Rohkost

100 g Zucchini
50 g Banane
30 g saure Sahne
1 KL Zitronensaft
1 Pr Salz
1 Pr Zucker

Zucchini gut waschen, Stengel entfernen, schälen nicht notwendig. In kleine Würfel oder dünne Scheibchen schneiden. Zusammen mit Bananenscheiben in der Soße aus saurer Sahne mit der Würzung mischen.

E 2 g F 3 g KH 12 g kcal 85 kJ 355

***Tip:** Zucchini können auch grob geraffelt werden.
Rote Bete, fein gerieben, kann nach diesem Rezept angemacht werden.

101 ③ Selleriesalat – einmal anders

200 g Sellerie
1/4 l Wasser
1 EL Essig
1 KL Zitronensaft
1 Pr Salz
1 Pr Pfeffer
5 g Öl

Sellerie putzen, roh in kleine Scheiben schneiden und im kokenden Essigwasser gar kochen. Die Hälfte des Wassers abgießen. Öl, Zitronensaft und Gewürze zugeben und den Salat 1 Stunde kalt stellen.

E 3 g F 5 g KH 12 g kcal 110 kJ 460

102 ③ Tomatensalat mit Joghurtsoße

150 g Tomaten
100 g Joghurt
1 Pr Salz
1 Pr Zucker
1 EL frische Kräuter: Dill, Petersilie, Thymian, Majoran, evtl. Schnittlauch

Tomaten häuten (siehe Rezept 57, Tip) und in 1 cm dicke Scheiben oder 2 cm große Würfel schneiden.
Tomatenstückchen auf einem Salatteller ausbreiten und die Joghurt-Kräutersoße darübergießen.

E 6 g F 3 g KH 9 g kcal 90 kJ 375

***Tip:** Wenn keine frischen Kräuter zur Hand sind, kann man je 1 Prise getrocknete Kräuter nehmen. Getrocknete Kräuter sollten in die Joghurtsoße eingerührt werden, während man frische Kräuter auch zuletzt überstreuen kann.

103 ③ Salate aus gekochtem Gemüse

150 g Gemüse
1 EL Zitronensaft oder Essig
1 Pr Salz
1 Pr Zucker
5 g Öl
1 KL Petersilie
1–3 EL Wasser

Karotten, Bohnen, Sellerie, Spargel oder Blumenkohl.

Gemüse putzen und in 1/4 l Wasser gar kochen.
Salatsoße herstellen und Gemüse darin wenden.
1 Stunde ziehen lassen und vor dem Servieren mit frischen Kräutern bestreuen.

E 3 g F 5 g KH 12 g kcal 110 kJ 460

Kalte Speisen — Kleine Gerichte

104 ③ Pikanter Quark

150 g Magerquark
100 g Milch
1 Pr Salz
1/2 KL Rosenpaprika oder 1/2 KL Kümmel ganz oder gemahlen

Quark mit Milch und Salz verrühren und nach Belieben würzen.

E 25 g F 3,5 g KH 11 g kcal 180 kJ 750

***Tip:** Statt Magerquark dürfen Sie auch Hüttenkäse oder Quark mit 20 % F. i. Tr. nehmen!
Bei Hüttenkäse ist meist die Zugabe von Milch nicht erforderlich.

Pikanter Quark – immer wieder anders:

104 a ③ **Kräuterquark** – 1 EL frische Kräuter oder 1 KL getrocknete Kräuter

104 b ④ **Meerrettichquark** – 1 KL geriebener Meerrettich und 1/4 geriebener Apfel

104 c ③ **Tomatenquark** – 1 EL Tomatenmark oder Tomatenketchup

104 d ④ **Senfquark** – 1 KL Senf

Quark wird auch **Topfen, Weißkäse** oder **Schichtkäse** genannt.

104 e ④ ***Tip:** Aus Quark kleine Kugeln formen und diese in Kräutern, Brotbröseln oder Gewürzen wenden.

Erfrischende, pikante Salate sind immer willkommen!

Für die angegebenen Rezepte können Sie beliebig statt **Fisch** oder **Rindfleisch, Geflügelfleisch, Kalbfleisch** oder **Wild** einsetzen.

---

105 ③ **Rindfleischsalat**

---

100 g mageres, gekochtes Rindfleisch
50 g Maiskölbchen, süßsauer
50 g Zuckermais (Dose) oder
50 g Senfgurke
5 g Öl
1 EL Essig oder Zitronensaft
1/2 KL Salz
1 EL frisch gehackten Dill

Rindfleisch in zündholzgroße Streifen schneiden (oder in beliebig große Würfel!)

Gurke und Maiskölbchen in Scheiben oder Würfel schneiden.

Salatsoße herstellen und Fleisch und Gemüse darin wenden.

Salat ca. 1 Stunde ziehen lassen, zuletzt Dill untermischen.

E 23 g F 18,5 g KH 12 g kcal 315 kJ 1320

106 ③ Geflügelsalat

100 g gekochtes Hühnerfleisch
150 g Mischgemüse, nach Wahl
30 g Quark
10 g Öl
1 KL Senf
1 EL Essig oder Zitronensaft
1 KL frische Kräuter
1–2 EL Gemüsebrühe

Hühnerfleisch in ca. 2 cm große Stücke schneiden.
Tiefgefrorenes Mischgemüse überbrühen, frische Gemüsesorten gar kochen.
Aus Quark, Öl, Essig, Senf und Kräutern eine pikante Salatsoße bereiten, Hühnerfleisch und Gemüse untermischen. 2–3 Stunden ziehen lassen, evtl. nachwürzen!

E 33 g F 14 g KH 8,2 g kcal 300 kJ 1250

***Tip:** Geflügelsalat mit Reis und Früchten in einer Joghurtsoße oder klar angemacht zur Erfrischung an Sommerabenden.

107 ③ 2-Minuten-„Mayonnaise“

100 g Kondensmilch mit 10 % Fett
1 Pr Salz
1 Pr Zucker
1 KL Senf
1 EL Essig oder Zitronensaft

Kondensmilch und Zutaten mit dem Schneeschläger oder im Starmix mixen.

E 9 g F 10 g KH 13 g kcal 185 kJ 770

***Tip:** Gut gekühlte Kondensmilch läßt sich besser cremig schlagen.

108 ③ Waldorf-Salat

50 g gekochte Selleriestreifen
50 g Apfel
50 g saure Sahne oder 2-Minuten-„Mayonnaise“
1 KL Zitronensaft
1 Pr Zucker
1 Msp Senf
1 Pr Salz
10 g Mandelstifte
1 Blatt Kopfsalat

Soße aus saurer Sahne oder 2-Minuten-Mayonnaise mit Salz, Zucker, Senf und Zitronensaft bereiten. Apfel schälen und in zündholzgroße Streifen schneiden. Mit den Selleriestreifen (aus dem Glas oder selbst gekocht) in der Soße anmachen. Auf Salatblatt anrichten und mit Mandelstiften bestreuen.

E 4 g F 11 g KH 18 g kcal 195 kJ 810

***Tip:** An den Waldorf-Salat können auch Fruchtstückchen von Ananas, Mandarinen oder Pfirsich gegeben werden ④.

109 ③ Tatar

100 g Tatar *1 Eigelb* *1 KL Kapern* *20 g Esiggurke* *evtl. 20 g geriebene Zwiebeln* *1 Pr Salz*	Frisches Tatar mit den Zutaten vermengen und fein abschmekken. Die Zwiebel sollte dazu gerieben werden. Oder: Tatar mit den Zutaten garnieren und in die Mitte das Eigelb in eine Vertiefung legen. E 26 g F 10 g KH 2,5 g kcal 210 kJ 880 *Tip: Kapern und Essiggurken sollten sehr fein gewiegt werden.

110 ④ Gefüllte Tomaten

200 g Tomaten *= 2 Stück* *100 g Hüttenkäse* *1 KL Dill, frisch*	Gewaschenen Tomaten Kappe abschneiden, mit einem Kaffeelöffel das Fruchtfleisch von der Mitte aus herausnehmen. Hüttenkäse mit fein gehacktem Dill vermischen und in die ausgehöhlten Tomaten füllen. Kappe schief aufsetzen. E 16 g F 4 g KH 6 g kcal 130 kJ 540 *Tip: Frische Gurken oder Zucchini kann man ebenso füllen. Nach Belieben Hüttenkäse mit anderen Kräutern und Gewürzen zubereiten!

111 ③ Gemüsesülze

4 Blatt Gelatine *1/8 l Weißwein* *1 EL Zitronensaft* *1 Pr Salz* *evtl. 1 Pr Süßstoff* *200 g gekochtes Gemüse: Karottenscheiben, feine Erbsen, Blumenkohlröschen, Champignons, Essiggürkchen* *1/2 Bund Petersilie*	Gelatine in 1/8 l kaltem Wasser einweichen, bis alle Ränder weich sind. Zusammen mit der Flüssigkeit erwärmen, bis sich die Gelatine aufgelöst hat. Weißwein, Zitronensaft, Salz und Süßstoff zugeben. In zwei Tassen oder Schälchen 1/3 der Aspikmasse gießen. Wenn diese fest geworden ist, die Hälfte des Gemüses hübsch einlegen, zusammen mit Petersiliensträußchen. Wieder 1/3 Aspikmasse aufgießen und erstarren lassen. Gemüserest auflegen, letztes Drittel der Aspikmasse angießen. Im Kühlschrank ganz fest werden lassen. Vor dem Servieren Tasse oder Schälchen kurz in kochendes Wasser tauchen, damit sich die Sülze gut stürzen läßt. Mit frischen Salatblättern garnieren. Ergibt 1 große oder 2 kleine Portionen. Die ganze Portion enthält: E 7 g F 0 KH 32 g kcal 160 kJ 670

Sülzen sind, wenn sie im Kühlschrank aufbewahrt werden, einige Tage haltbar.

④ ***Tip:** Sie können auch, wenn es die Diät erlaubt, **Eischeiben, Fleisch, Fisch** oder **Schinkenstückchen,** sowie **Krabben** und evtl. **Olivenscheiben** einschichten.
Wenn die Flüssigkeit vor dem Angießen zu stocken beginnt, kann man sie durch Erwärmen wieder gießfähig machen.

112 ③ Beigaben zu kalten Speisen

Kalte Speisen oder kleine Gerichte sollten immer mit etwas Brot oder Knäckebrot oder Brötchen gegessen werden.

Wenn man nicht unterwegs ist, kann man auch Kartoffeln, Reis oder Nudeln dazu essen.

Kartoffelbrei aus Püreeflocken ist schnell zubereitet und paßt zu fast allen Gerichten. Auch Schnellkochreis kann in kleinen Portionen zubereitet werden. Fettzugaben sollten immer gering gehalten werden.

113 ③ Abwechslung für den Brotbelag

- kalter Braten, kaltes Geflügelfleisch, oder magerer roher oder gekochter Schinken, oder Bündner Fleisch, oder Quark in jeder Form angemacht, oder Apfelscheiben an Stelle von Butter oder Margarine, oder Salatblatt oder Petersilien- oder Dillsträußchen, nicht nur fürs Auge, sondern auch als Vitamin- und Mineralstoffträger.

Spread heißt Brotaufstrich und ist eine fein abgestimmte Mischung aus Aufstrichfett und Gewürzen, Kräutern, pikanten und süßen Zutaten.

Empfehlenswert ist es, 100 g Butter oder Margarine mit den Würzzutaten zu mischen, um daraus 5 oder 10 Portionen zu bekommen. So kann die Aufstrichfettmenge von 10–20 g gut eingehalten werden.

114 ③ Kräuterspread

100 g Butter oder Margarine
1 KL gemischte Kräuter, frisch, tiefgefroren oder getrocknet
1 KL Dill
1 Pr Salz
evtl. 1 Pr Muskat

Butter oder Margarine schaumig rühren. Sehr fein gehackte Kräuter oder Gewürze unterrühren. Spread in nasses Pergamentpapier geben, zur Rolle formen und im Kühlschrank fest werden lassen.
Rezept ergibt 10 Portionen mit ca. 10 g Fett oder
5 Portionen mit ca. 20 g Fett.

Tomatenspread – mit Tomatenmark und feinen Gewürzen

Ei-Spread – mit passiertem, gekochtem Eigelb, Salz und evtl. 1 KL Senf oder 1 KL Kapern

Bananenspread – mit Banane, Vanille und Zitronensaft

Honigspread – mit Bienenhonig und Knusperreis oder Cornflakes

Zwischenmahlzeiten

115 ④ Milch oder Joghurt mit Cornflakes

150 g Milch
oder
1 Becher Joghurt
dazu nach Belieben:
50 g rohe oder gekochte Früchte
30 g Cornflakes = 1 Tasse voll

Milch oder Joghurt mit klein geschnittenen Früchten mischen. Vor dem Servieren Cornflakes einstreuen.

E 10 g F 4,5 g KH 45 g kcal 270 kJ 1120

***Tip:** Cornflakes getrennt bereitstellen, wenn die Speise nicht gleich gegessen wird!
Statt Cornflakes können Sie auch **Puffreis** oder **Reis-** oder **Haferflocken** nehmen!

116 ③ Bircher Muesli

150 g Magermilchjoghurt
100 g Apfel
1 EL Zitronensaft
Süßstoff nach Geschmack
15 g Haferflocken

Apfel waschen, schälen und fein reiben. Joghurt, Zitronensaft und Haferflocken sofort dazumischen, damit das Apfelfleisch hell bleibt.

E 9,4 g F 1,5 g KH 24 g kcal 150 kJ 630

***Tip:** Das Muesli kann auch mit Kompottfrüchten und etwas Sahne zubereitet werden.
Für Stufe ④ kann auch Honig zum Süßen gegeben werden.

117 ③ Saftgetränk

Zur Stärkung zwischendurch!

1/8–1/4 l Fruchtsaft (oder Gemüsesaft)
20 g Haferschmelzflocken
1 KL Zitronensaft

Saft mit Haferschmelzflocken gut vermischen oder im Starmix mixen.

1/4 l enthält: E 4 g F 2 g KH 33 g kcal 170 kJ 710

***Tip:** Besonders gut sind Kirschsaft, Orangensaft oder Karottensaft.

118 ④ Mocca-Flip

1/4 l Milch
1 KL Nescafé
1 Eigelb
30 g Sahne
Süßstoff nach Geschmack

Milch mit Eigelb, Nescafé und Süßstoff mischen und die „Überraschung“ unter einer „Sahnehaube“ verstecken!

E 13,6 g F 19 g KH 24 g kcal 330 kJ 1380

***Tip:** Zum Kaloriensparen Magermilch verwenden und auf die „Sahnehaube“ verzichten!

119 ③ ④ Zwischenmahlzeiten für unterwegs

Brot, Backwaren, z. B.

Weißbrot
Graubrot
leichtes Grahambrot
Brötchen
Brezel
Knäckebrot
Crackers
Leibnizkekse
Haferkekse
Vollkornzwieback
Eierzwieback
altbackene Hefekuchen
schwach gesüßte Kuchen

Brotbelag, z. B.

Butter oder Margarine
Brotaufstriche – Spreads, siehe Rezept Nr. 114
Frischwurst
magerer, roher und gekochter Schinken
kalter Braten, kaltes Geflügel
Speisequark, einfach oder angemacht
Frischkäse, Schmelzkäse, Camembert, weicher Schnittkäse

Obst, z. B.

Mandarinen oder Orangen
Apfel
reife Birne
Banane
Melone
weiche, am besten nur gekochte Maroni

Milchprodukte, z. B.

Joghurt, Vollfettstufe oder Magerstufe
Kefir, Buttermilch
Milch oder Magermilch mit Keksen oder Crackers
Milchmixgetränke

Getränke, z. B.
leichter schwarzer Tee oder Kräutertees
leichter Kaffee mit Milch oder Sahne
milde Gemüsesäfte
Mineralwasser ohne Kohlensäure

Empfehlenswert ist es, für jede Zwischenmahlzeit aus den genannten Gruppen verschiedenes zusammenzustellen, wie z. B.

Butter- oder Wurstbrot mit Obst, oder
Joghurt mit Crackers oder Keksen, oder
Kaffee mit Milch und Gebäck, oder
Milchmixgetränk mit Butterbrezel.

120 ③ ④ **Zuletzt ein Wort über die Genußmittel**

Zu den Genußmitteln zählen in erster Linie:
Kaffee, Tee, Kakao, Alkohol und **Tabakwaren.**
Früher waren sie in der Diätetik gänzlich verboten. Heute weiß man, daß sie, wenn richtig genommen, in vielen Fällen auch gute Dienste leisten können.

Kaffee oder Tee, verdünnt mit Milch oder Sahne nach dem Essen, sind in Stufe ③ und ④ durchaus erlaubt.
Leichter, schwarzer Tee ohne Zucker, kann auch im akuten Stadium genommen werden.

Ein Glas Wein oder Bier zu den Mahlzeiten, wird der Arzt kaum verbieten.
Harte Schnäpse oder Liköre, besonders in konzentrierter Form, sowie Zigaretten, sollten gemieden werden.

Ein kleiner Schuß Rum oder Cognac in einer Speise verfeinert diese nicht nur, sondern kann sie auch bekömmlicher machen. Pro Portion sollte die Menge aber nicht mehr als ein halber Kaffeelöffel betragen.

Kakao ist zugleich ein Nahrungs- und Genußmittel. Für Getränke, Desserts und Gebäcke kann Kakaopulver oder aufgelöste Schokolade in kleinen Mengen zugegeben werden.
Für Stufe ① und ② ist Schokolade unerwünscht.